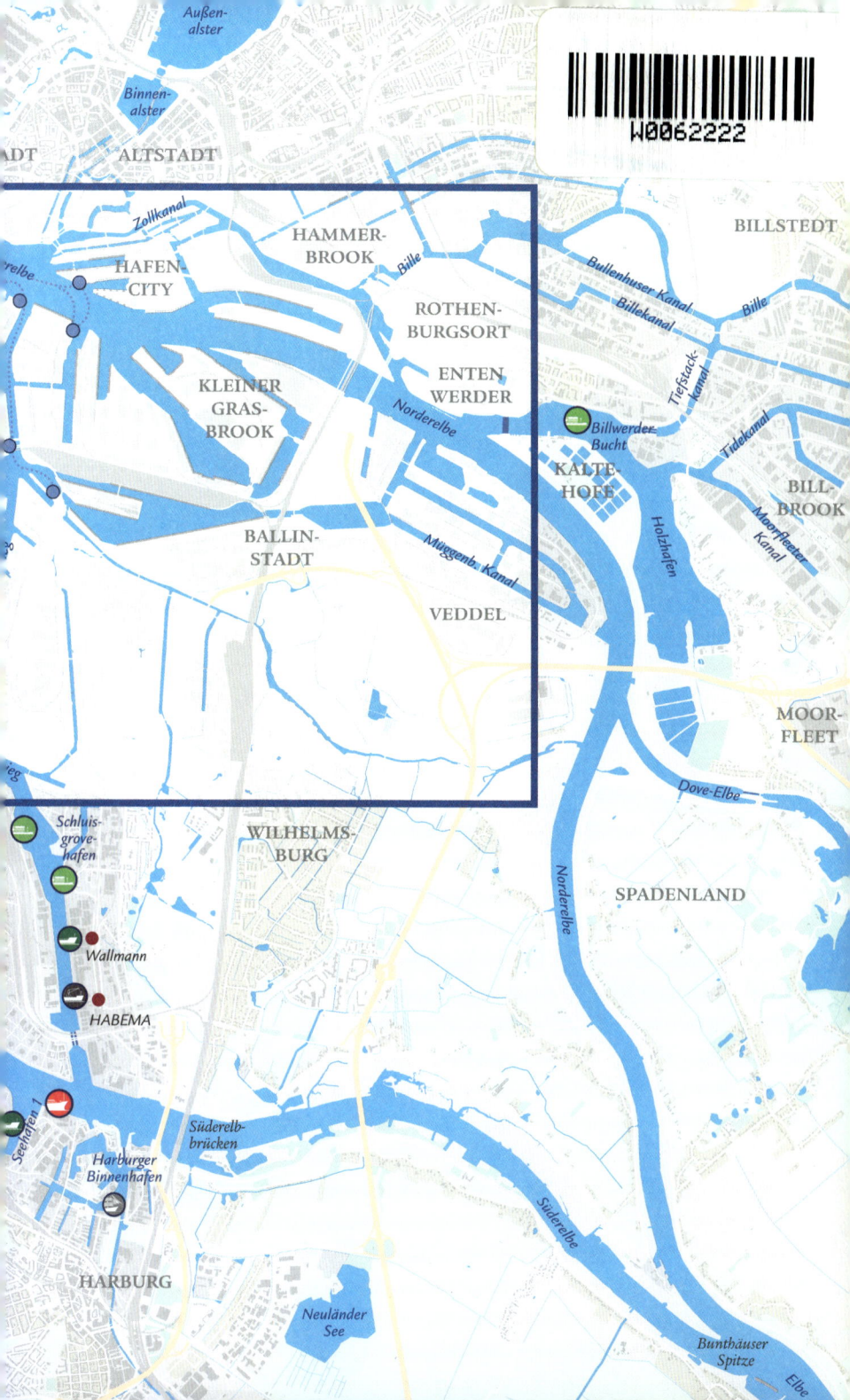

BUGSIER 2 übernimmt die Leine der COSCO NETHERLANDS am Terminal Tollerort

Thomas Kunadt

HAMBURGER SCHIFFE

Was schwimmt denn da?

Alles über
die Schiffe, die man in Hamburg
sehen kann

KJM Buchverlag

Die Reihe

wird herausgegeben
von Klaas Jarchow

Alle Fotos stammen
von Thomas Kunadt

1. Auflage, April 2015
Copyright © 2015 by Klaas Jarchow Media Buchverlag GmbH & Co. KG
Simrockstr. 9a, 22587 Hamburg
www.jarchow-media.de
ISBN 978-3-945465-02-8

Lektorat: Manuela Tanzen und Karl-Friedrich Hoeritzsch
Infografik: infografiker.com
Gestaltung: Thomas Kunadt und Eberhard Delius
Herstellung: Eberhard Delius
Bildbearbeitung: Thomas Kunadt
Druck und Bindung:
Freiburger Graphische Betriebe
Printed in Germany
Alle Rechte vorbehalten

*Die Icons der Schiffstypen verweisen auf die Karten
zu Anfang und am Ende des Buches*

Mehr zu den Büchern des KJM Buchverlags
www.hamburgparadies.de

Inhalt

Majestätisches Treffen: QUEEN MARY 2 **und** HANJIN HARMONY

Persönliche Vorbemerkung
Der Hamburger Hafen, die Schiffe und das Staunen

Der Hamburger Hafen ist ein Universalhafen und ein Welthafen. Das Stück Elbe zwischen Hamburg und Harburg ist ein Labyrinth von Hafenbecken mit unüberschaubar vielen Kais und Terminals: für die Anlandung und das Laden von Containern, sperrigen Gegenständen, flüssiger Ladung, Schüttgütern, Autos und Reisenden. Für raue Mengen und besondere Einzelstücke. Hier kommen und gehen Container, Öle, Neuwagen und Altfahrzeuge, Metallschrott, Erze, Kohle, Steine, Sojabohnen, Getreide, Kali, Schwefelsäure und, und, und ... Der Hafen ist wie eine große, komplexe Maschine. Ein Räderwerk von Bewegungen, zu Wasser und zu Land. Auf Straßen und Schienen, in Rinnen und Becken. Der Hafen, das ist das Hin und Her der Kräne, das Rauf und Runter der Lasten. Eine gigantische Maschinerie, begleitet von speziellen Geräuschen. Wenn der Hamburger nach Hause kommt – oder der Besucher nach Hamburg –, dann grüßt schon von weitem das Lichtermeer des Hafens; ganz da ist man erst dann, wenn einem der Hafen wie ein brodelnder Vulkan in den Ohren klingt. Doch was wäre das Ganze ohne die Schiffe: Sie erst machen das Wirrwarr von Kränen, Brücken und Hafenbecken zu einem großen, lebendigen Organismus. Der Hafen ist die Bühne der Schiffe.

In Hamburg gibt es eine schier endlose Fülle verschiedener Schiffe. Es gibt unterschiedliche Schiffstypen und Klassen, sogar unterschiedliche Schifffahrtswelten, die fast nicht mehr miteinander gemein haben, als dass sie alle auf dem Wasser schwimmen. Während die einen als Luxus und aus reinem Vergnügen fahren, stehen andere im behördlichen Dienst.

Fata Morgana Elbe: Schlepper, Bagger, Frachter am Horizont

Die meisten fahren aus wirtschaftlichem Interesse, für den Handel oder, auch auf der Elbe immer noch, zum Fischen; wieder andere fahren zur Patrouille und Verteidigung. Die großen Schiffe fahren in die weite Welt hinaus, kleinere von hier tief ins Land hinein. Andere haben den Hamburger Hafen noch nie verlassen. Die einen fahren in ihren zugeordneten Funktionen, die anderen, um Traditionen zu wahren. Wir haben rote und blaue, gelbe und grüne, schwarze und weiße Schiffe. Wir haben große und kleine, hohe und flache, lange und breite, elegante und kastige, schnelle und langsame Schiffe. Sie fahren tagein und tagaus. Im Hafen preschen die Lotsen heran, zerren die Schlepper, werden die Leinen gezogen und knarzend festgezurrt, drehen die großen Pötte Pirouetten, wird an Land und wieder an Bord gegangen.

Selbst wenn die Schiffe dann festgemacht im Hafen liegen, scheinbar nichts Spektakuläres mehr passiert, ist dies für mich große Emotion. Ich bin tief im Land geboren, fernab der rauen Winde und der See. Doch haben Wind und Wasser, Schiffe und Hamburger Hafen eines Tages meine große Begeisterung geweckt. Seitdem sind fast 20 Jahre vergangen, und ich werde immer noch täglich aufs Neue überrascht. Dass daraus eine Berufung und ein Lebenswerk entstehen würden, habe ich am Anfang nur geahnt. Es hat sich zu einer Arbeit zwischen Fotografie und Forschung entwickelt, die zu einer Fülle an besonderen Bildern, Wissenssammlungen, Büchern, Ausstellungen und Vorträgen geführt hat. Sie sind die Früchte meines täglichen Tuns angesichts des Wassers, der frischen Luft und der Schiffe der Elbe. Seit 1996 verfolge ich jedes Schiff, das in Hamburg ankommt. Gelingt mir kein Foto, so weiß ich doch, welches woher gekommen und welches wohin gefahren ist. Neben der Beantwortung der üblichen Fragen – wie lang, wie breit und wie viele Tonnen? – versuche ich auch herauszufinden, ob das Schiff ein gewöhnliches oder etwas Besonderes ist.

Die Schiffe sind nimmermüde, der Hafen ist Tag und Nacht geöffnet. Offizielle Ruhetage gibt es ganze fünf pro Jahr: Weihnachten, Neujahr, Ostern, Pfingsten und der Tag der Arbeit. Die anderen ruhigen Momente, Stunden oder auch Tage, ergeben sich eher zufällig. Die Schiffe in Hamburg erzählen Tag für Tag eine unendliche Geschichte, von nahen und fernen Reisen, vom Alltag der Schifffahrt, und auch jeden Tag von historischen Momenten. Täglich kommen Schiffe zum ersten Mal nach Hamburg. Einige davon sieht man zudem hier nie wieder, weil die Handelswege so vielfältig sind, dass sie nicht zurückkehren werden. Man kann aber jetzt dabei sein und sollte genau schauen ...

Schiffe stehen für viele Dinge: Freiheit – Ferne – Reise – Technik – Größe – Ästhetik – Handel – Wirtschaft – Arbeitsplatz – Schicksal – Romantik – Wind und Wetter. Meine Aufgabe ist es, all diese Aspekte zu sehen und zu kennen und das Objekt Schiff nicht allein auf den nackten Stahlkörper aus bemaltem oder rostigem Metall zu reduzieren.

Große Handelsschiffe sind so gewaltig, dass sie mit unseren Sinnen nicht exakt zu fassen sind. Hat man tagtäglich damit zu tun, macht man sich irgendwann darüber keine Gedanken mehr. Aber es kann sein, dass die Beschäftigung mit ihnen dem Leben eine neue Richtung gibt, dass es die eigene Sicht auf Dinge verändert, wenn man zum ersten Mal ein großes Schiff aus der Nähe fahren sieht. Schiffe sind nun einmal ein so großes und mächtiges Gegenüber wie kein anderes fahrendes Ding.

Hamburg bietet alles, was man für dieses Erstaunen braucht: einen Welthafen und seine Schiffe, ganz nah dran, mitten im Herzen der Stadt, aber auch hoch vom Ufer mit atemberaubendem Überblick. Hat einen die Faszination Schiff einmal ergriffen, bleibt man dran, vielleicht ein Leben lang. Tagtäglich erlebt man dann die Vorfreude auf brandneue große Pötte ebenso wie auf uralte kleine Kähne, auf die majestätische QUEEN MARY 2 wie auf unscheinbare Exoten.

HANNOVER BRIDGE, ALLEGORIA, E.R. DENMARK, MSC BARCELONA

Schiffe schauen

Der Hafen, die Elbe und die Schiffe
Wohin die Schiffe kommen

Die Elbe ist ein mächtiger Strom und der majestätischste unserer Flüsse, der in Deutschland das Meer erreicht. Um vom frühen Gletschereis aufgeschobene Sandrücken zu umfließen, beginnt die Elbe vor Hamburg, im scheinbar flachen Land, zu kurven und sich sogar zu zerteilen. Auf südöstlichem Hamburger Gebiet markiert die Bunthäuser Spitze den Beginn von Norder- und Süderelbe, der Fluss teilt sich vor den Toren Hamburgs – und lässt nebenbei Europas größte Flussinsel mit dem Stadtteil Wilhelmsburg entstehen. Wenn man also in Hamburg-St. Pauli die Landungsbrücken betritt, sieht man nur die halbe Wahrheit der Elbe und des Hafens: die Norderelbe. Aber schaut man auf der Karte nach und folgt dem kürzesten Weg von der Bunthäuser Spitze zum nächsten Zusammenfluss, führt der Weg über den südlichen Arm, der von den Landungsbrücken gar nicht zu sehen ist. Die bekannte und weithin sichtbare Köhlbrandbrücke führt heute darüber und verbindet dabei große Teile des Hafens für den Straßenverkehr miteinander. Und wenn man es genau nimmt, kommt erst vor Blankenese, noch weiter elbabwärts, der große Strom wieder zusammen; dort mündete über Jahrhunderte die alte Süderelbe, bis dieser Wasserweg nach der verheerenden Sturmflut von 1962 abgedeicht wurde.

Im alten Hafengebiet gegenüber den Landungsbrücken verbinden zwei Achsen die Norder- und die Süderelbe: der Reiherstieg, der mitten durch den Hafen führt und ganz unscheinbar gegenüber der Kehrwiederspitze mündet, und der Köhlbrand, der sich majestätisch auf Höhe von Neumühlen in Altona mit dem Nordstrom trifft.

Doch es gibt nicht nur die Elbe in Hamburg. Die Hammaburg, der Nukleus der Stadt, lag seit dem frühen 9. Jahrhundert dort, wo Bille und Alster in die Elbe fließen. Wasser von drei Seiten, sozusagen überall Wasser. Darin liegt der besondere Reiz der Stadt bis heute. Eine Kogge wäre schön, die im Nikolaifleet läge, das würde wunderbar die hanseatischen Handelsanfänge Mitte des 13. Jahrhunderts in Hamburg markieren. Während die zwei kleinen Adern Bille und Alster und ihre Nebenwasserwege heute, hundertfach überbrückt, wie ein Netzwerk durch die Stadt zu fließen scheinen, ist die Elbe ein markanter Einschnitt.

Sie ist eine Grenze, ein echter Strom mit Ebbe und Flut und mit eigenen

Auslaufparade: EK-RIVER, ANDROMEDA J, GRANDE SIERRA LEONE,

Tücken. Von jedem, der den Tidestrom bis heute sieht, möchte er seinen Respekt erwiesen haben. Von den Menschen wie den Schiffen, die kommen und gehen.

Auch wenn die Süderelbe historisch gesehen mehr Wasser führte, hat sich am Nordufer der Elbe der bedeutendere Hafen entwickelt. Der gesamte Hafen, der sich von St. Pauli bis Harburg und von Finkenwerder bis Billstedt erstreckt, ist mit einem Gesamtumschlag von 140 Millionen Tonnen der mit uneinholbarem Abstand größte Seehafen in Deutschland. Hier gelangen so viele Güter über die Kaikante wie in allen anderen deutschen Seehäfen zusammen. In Europa liegt der Hafen an der Elbe auf Platz drei. Antwerpen kommt auf 190 Millionen Tonnen, Rotterdam führt klar mit 440 Millionen Tonnen Umschlag. Und nicht nur als Seehafen ist der Hamburger Hafen in Deutschland von herausragender Bedeutung, auch unter den deutschen Binnenhäfen ist er die Nummer drei. Köln und Duisburg liegen vorn, Duisburg ist auch europaweit Spitze.

Gesamteuropäisch betrachtet, profitiert Hamburg maßgeblich von den Alpen. So ist für Tschechien und Österreich der Hafen in Hamburg das Tor zur Übersee, obwohl das Mittelmeer eigentlich näher liegt. Die italienische Hafenstadt Triest, am bedeutendsten in der habsburgischen Monarchie, kann im österreichischen Containerverkehr mit Hamburg nicht mithalten.

Auch kein Ostseehafen vermag den großen Häfen an der Nordsee heute Konkurrenz zu machen, obwohl es zu Hochzeiten der Hanse noch umgekehrt war. So kommt es, dass über ein Viertel der Containerimporte des größten russischen Hafens St. Petersburg zuvor auch über Hamburg laufen.

Hamburg ist eine wirkliche Drehscheibe des Welthandels. Es sind bei weitem nicht nur die bunten Metallkisten, die in Hamburg über die Kante gehen. Es gibt Flüssig- und Schüttgüter. Mal rollt Ladung wie von selbst aufs Schiff, mal ist es sperrige Kranarbeit. Nachdem vor allem der Container das Hafenbild in den letzten Jahrzehnten stark verändert hat, gewinnt das Reisen neuerdings an Bedeutung und bestimmt die Bilder am

WS 2 BÜRGERMEISTER WEICHMANN Kurs Hamburg

Fluss fast ebenso wie die Containerriesen. QUEEN MARY 2, QUEEN VICTORIA und viele andere Kreuzfahrer mehr machen Station in der Hansestadt. Hamburg gilt sogar als die Geburtsstätte der Kreuzschifffahrt. Reeder Albert Ballin von der Hamburg-Amerikanischen Packetfahrt-Actien-Gesellschaft ließ seine HAPAG-Schiffe seit 1891 in den im Nordatlantiklinienndienst schwach laufenden Wintermonaten auf Mittelmeerreisen kreuzen.

Die Hamburger Hafensilhouette wird inzwischen bis weit in die Wintermonate hinein von den Costas, MSCs, Aidas und britischen Königinnen geprägt sowie auch von den kleinen feinen Hapag-Lloyd-Kreuzfahrern, die in der Tradition Albert Ballins fahren.

Die Elbe ist Fluss und Wasserstraße zugleich. Wie eine Straße an Land muss auch diese zu Wasser beständig unterhalten werden. Doch im vollkommenen Gegensatz zum Straßenbau geht es hier um mehr Löcher statt weniger bzw. um tiefere Rinnen – für die bessere Durchfahrt der ganz großen Schiffe. Seit es in Hamburg den Industriehafen gibt, steht auch das Thema Elbvertiefung immerwährend auf der Tagesordnung. Schon 1818 begann man, den Hafen und den 100 Kilometer langen Weg zum Meer künstlich zu vertiefen. Damals war er drei bis vier Meter tief. Seitdem wurde die Elbe achtmal und zum letzten Mal im Jahr 1999 ausgehoben. So liegt die Wassertiefe in der Fahrrinne bei 12,90 Metern bei niedrigstem Wasserstand. Mit der auflaufenden Flut kommt die Elbe zweimal täglich auf etwa 16,40 Meter in der Hauptfahrrinne.

Die wirklich großen, tief gehenden Schiffe nutzen das sogenannte Tidefenster – die Zeiten des auflaufenden Wassers und der Höchstwasserstände. Das Zeitfenster öffnet sich, sobald das Wasser mit der Flut aufzulaufen beginnt. Die Engpässe für die Riesen liegen in den Kurven flussab, auf den gut zwei Stunden Revierfahrt bis Glückstadt. Danach wird der Strom zunehmend breiter, bis man in Cuxhaven das 15 Kilometer entfernte Ufer kaum noch erahnen kann. Derzeit schaffen es beladene Erzfrachter mit bis zu 15,10 Meter Tiefgang im Tidefenster bis hinein nach Hamburg.

Wo man Schiffe am besten sieht

Orte und Touren

Wer zum ersten Mal nach Hamburg kommt, ist wahrscheinlich verblüfft, wenn er aus der U-Bahn-Station Landungsbrücken heraustritt, dem Tor zum Hafen aus dem städtischen Nahverkehrsnetz. Es empfiehlt sich, noch die Stufen zum Stintfang über der U-Bahn-Station emporzusteigen. Von dort oben hat man einen ungeahnten Überblick über die Hamburger Schiffe und den Hafen, über Ozeanriesen und das wimmelige Durcheinander auf der Norderelbe. Keine andere Hafenstadt an der deutschen Küste hat das zu bieten. Nirgendwo fahren so große Schiffe so weit in das Innere einer Großstadt und sind auch noch so nah zu sehen.

Hamburg ist die Hauptstadt der Hafenrundfahrten. Die »Große Hafenrundfahrt« ist ein Hamburger Klassiker. Wer es ganz traditionell mag und auch etwas Schaukeln zu Wasser vertragen kann, dem seien die kleinen Barkassen empfohlen. Dort geht es, bei ausreichend Wasserstand, zur Speicherstadt, vorbei an den Kreuzfahrtschiffen am Großen Grasbrook, dem Liegeplatz der QUEEN MARY 2, falls sie zu Gast ist, längsseits der ConRo- und Mehrzweckfrachter am Kleinen Grasbrook, hinein in den Reiherstieg mit Einblick in die Norderwerft und die Seitenkanäle. Wer es

Panorama Überseebrücke mit CAP SAN DIEGO, ARTEMIS, MISSISSIPPI QUEEN **und dem Heck der** SCHAARHÖRN

gehoben ausgestattet mag, dem seien die Salonschiffe direkt ab Landungs-brücken empfohlen. Auf der Fahrt dem Hauptstrom folgend entlang der Kreuzfahrt- und Containerterminals gewinnt man auf dem höchsten Deck einen guten Überblick.

Wo in anderen Städten Busse fahren, schwimmen in Hamburg Fähren übers Wasser. Mit etwas mehr Zeit, und einer Prise Hamburger Alltag, sind die Hafenlinien der HADAG eine wunderbare Wahl. Die längste und meistfrequentierte Linie führt auf dem Strom abwärts nach Finkenwerder. Auf dieser Strecke ist die Wahrscheinlichkeit groß, dass einem auch mal ein dicker Pott in die Quere kommt. Die Nebenlinien der Fährgesellschaft, über die Elbe nach Steinwerder, zur Argentinienbrücke oder nach Wal-tershof, bieten etwas mehr Hafenluft und mehr Schiffe, die schon an den Kais vertäut liegen. Eine Fährlinie, die den Köhlbrand kreuzt, kann zu einer Begegnung mit einem dicken Pott führen, der entweder dort einläuft oder den Hafen bereits wieder verlässt. Am Köhlbrand befinden sich die Liegeplätze der großen Erzfrachter, aber auch Liegeplätze für Container-schiffe.

Wer alle Schiffe sehen will, die gerade nach Hamburg hereinkommen, dem empfiehlt sich die Tour bis unmittelbar vor die Tore der Stadt. Im

Ein- und Auslaufparade nach dem Hafengeburtstag mit QUEEN MARY 2, SEA HAKE, PORTO und Segler MORGENSTER in der ersten Reihe

schleswig-holsteinischen Wedel, kurz hinter der Grenze zu Hamburg, gibt es das Willkomm Höft, die weltweit einzige Schiffsbegrüßungsanlage – mit Hymne und kundiger Ansage der passierenden Schiffe, mit reichlich Platz zum Verweilen bei guten Speisen und Getränken. Im Sommer führt eine Linie der HADAG bis hierhin. Auf dem Weg von der Stadtgrenze zurück in den Hafen sieht man gelegentlich Schiffe in das kleine Nebenflüsschen Este zur Sietas-Werft und zur Kranfabrik in Neuenfelde abbiegen. Ein wenig weiter stromauf passiert man die Airbus-Werke in Finkenwerder mit dem Anleger für die schwimmenden Flugzeugteileträger.

Danach biegen die ersten Tanker in die Dradenau ab, RoRo-Schiffe, kleine Mehrzweckfrachter, sogar vollbeladene Erzfrachter – auf dem Weg zu einem Stahlwerk, das auf hochfesten Walzstahl spezialisiert ist. Kaum einen Kilometer später, gegenüber dem idyllischen Oevelgönne, sieht man in das große Becken des Waltershofer Hafens. Hier legen die größten Schiffe an. Im Visavis von städtischem Leben und Containerterminal schlägt das moderne Herz des Hafens. Da liegen die »Dicken« dicht an dicht gegenüber idyllischen Wohnhäusern.

Wann die Schiffe kommen und gehen

Ankünfte in Wellen und Wogen

Jeden Tag kommen Schiffe nach Hamburg. Jeden Tag neue, große und sehr große, kleine und kleinste. Die Zahl der Ankünfte verdichtet sich mit dem Lauf der Tide, mit mehr Wasser kommen mehr Schiffe. Und auch im Verlauf der Woche kommen und gehen sie in Wellen. Eine dieser Ankunftswogen liegt am Anfang, eine gegen Ende der Woche. Mitte der Woche und am Wochenende ist es ruhiger – doch ganz ruhig ist es nie.

Manchmal kann es über den Tag passieren, dass stundenlang kein Schiff zu sehen ist. Dann liegt der Tidenlauf so, dass die Rushhour im Dunkeln stattfindet. Gerade im Winterhalbjahr gibt es manchmal eine ganze Woche, in der der meiste Verkehr nachts passiert, bevor in der darauffolgenden Woche der Tidenhöhepunkt wieder am Tage Schiffe bringt.

Das Auf und Ab des Elbwassers bestimmt den täglichen Rhythmus der Schiffsbewegungen entscheidend. Da sich die Hochwasserzeiten, dem Mondzyklus folgend, täglich verschieben, ist der Blick auf den Tidenkalender unumgänglich. Wenn man aber eine Hochwasserzeit kennt, kann man auch die nächste herleiten: Zwölfeinhalb Stunden sind es in etwa von einem Hochwasserstand bis zum nächsten. Anders gesagt: Am nächsten Tag hat die Elbe ihren Höchststand etwa wieder zur selben Uhrzeit plus eine Stunde.

Die Woche, Tag für Tag: Die Ruhe des Sonntags gibt es nur an den Terminals, bei denen die Ladung warten kann. Eisenerz ist geduldig, ebenso Kohle und Getreide in den Speichern. Aber auch die Terminals, wo noch viele Menschen mit dem Verstauen beschäftigt sind, haben oft den Sonntag frei. Tank- und Containerterminals arbeiten auch am Wochenende. Und Schiffe kommen und gehen. Der einzige Australiendienst kommt sonntags. Er trifft häufig mit dem Kanadadienst zusammen, der samstagabends Kurs auf Hamburg nimmt. Beide Liniendienste gibt es schon sehr lange, und sie gelten als traditionsreich, trotz wechselnder Betreiber. Der große Unterschied zwischen den beiden Linien: Das Schiff, das Hamburg mit Montreal verbindet, ist schon nach drei Wochen wieder hier. Das andere, das bis nach Sydney fährt, braucht 13 Wochen, bis es erneut auf der Elbe auftaucht. Hapag-Lloyd ist in beiden Liniendiensten involviert. Wenn

Dienstagnachmittag: Mit dem Hochwasser kommen die Großen
CAPE FLAMINGO, YEOMAN BRIDGE und **RIO MADEIRA;**
IMOLA EXPRESS und **CHIPOLBROK SUN** fahren hinaus

diese Ankünfte mit den Ostasiendiensten zusammen kommen, kann man an einem Sonntag bis zu drei schwarze Hapag-Lloyd-Schiffe sehen, die jeweils EXPRESS im Namen und orangefarbene Container an Bord tragen. Der große CAP SAN-Frachter der Hamburg Süd, der häufig zur besten Sonntagsspaziergangszeit einläuft, macht das Hamburger Quartett komplett.

Wenn am Montagmorgen an Land die normale Schaffenswoche beginnt, läuft der Hamburger Hafen schon lange auf Hochtouren. Von Sonntagnacht bis zum Montagmorgen hat ganz unbemerkt eine der größten Ein- und Auslaufparaden stattgefunden, die der Hamburger Hafen wöchentlich zu bieten hat: Container, Feeder, Mehrzweck- und Massengutfrachter, Tanker – alle sind schon gekommen. Die Terminals am Grasbrook gegenüber der HafenCity sind meist voll belegt – auch gut von den Landungsbrücken aus zu sehen.

Dienstag ist MSC-Tag: In Hamburg treffen der Liniendienst nach Griechenland, der ins südöstliche Mittelmeer und der nach Südafrika zusammen. Der Islanddienst von Eimskip kommt mit hoher Zuverlässigkeit ebenfalls am Dienstag. Die Ein- und Auslaufparade am Dienstagnachmittag und -abend ist oft sehr lohnend.

Der Mittwoch startet am ruhigsten im Schiffsverkehr auf der Elbe. Immerhin kommen Mitte der Woche häufig die Autotransporter zu Besuch. Doch bereits ab spätem Nachmittag und in der Nacht zum Donnerstag prescht eine zweite große Woge von Schiffen heran.

Mittwoch und Donnerstag sind die Indientage. Alle drei direkten Container-Liniendienste fallen in diesen Zeitraum.

Ab Donnerstag sind, nach Sonntag, zum zweiten Mal die Schiffe der Grimaldi Lines zu sehen. Donnerstag und Freitag sind zwei MSC-Liniendienste an die südamerikanische Ost- und Westküste im Hafen. Auf den

Containermeeting Elbe: CSCL ASIA, COSCO EUROPE **hinein,** CMA CGM NEVADA, CMA CGM AQUILA **hinaus**

Fata Morgana Elbe: AMADEA, MARIA THERESA, GRANDE AFRICA **und** TIGRIS

Donnerstag fällt auch der Premiumdienst der französischen CMA CGM, einem der wichtigsten Hamburger Reedereikunden. Mit etwas Glück kann man Dienstag und Donnerstag die größten Containerschiffe sehen, die Hamburg derzeit anlaufen. Diese großen Schiffe kommen meistens zum Hochwasser in den Hafen, außer denjenigen Großcontainerschiffe, die zum Liegeplatz in Altenwerder wollen; sie brauchen – ganz im Gegensatz zum Üblichen – etwas niedrigeres Wasser, um unter der Köhlbrandbrücke hindurchzukommen. Die Grundregel, dass die Schiffe mit größerem Tiefgang bei Hochwasser zu sehen sind, gilt nur für einlaufende Schiffe. Auslaufend starten sie ganz im Gegenteil bei Niedrigwasser im Hafen und nutzen mit dem sogenannten Tidefenster die entgegenkommende Flutwelle.

Der Hamburger Hafen ist bestimmt durch den Containerverkehr. Die Linienfahrpläne der Pötte mit den bunten Kisten geben der Woche ihr Grundgerüst. Die Liegeplätze an den vier großen Containerterminals sind zumeist wöchentlich gebucht.

Während es an Land auf die Minute, manchmal sogar auf Sekunden ankommt, geht es zu Wasser eher um Stunden, auch mal um ganze Tage. Der Fahrplan ist wie ein lebendiger Organismus, der mal straffer abläuft, mal etwas lockerer. Zu Wasser ist man der Unberechenbarkeit des Wetters stärker unterworfen als an Land. Der Lauf der Tide, jeden Tag zu einer anderen Uhrzeit, beeinflusst die Schiffsabfahrten zusätzlich. Der Hafen selbst ist ein komplexes System: Wenn sich eine Abfahrt verspätet, wirkt sich das zumeist auf den Zeitplan weiterer Schiffe aus.

Egal wann genau, Tatsache bleibt, dass jeden Tag Schiffe nach Hamburg kommen, jeden Tag neue, jeden Tag große, deren Zahl sich tagtäglich mit dem Lauf der Tide vermehrt und auch über die Woche zweimal an- und abschwillt. Zum Anfang und zum Ende der Woche hin. Denn gerade auch am Wochenende hat sich für den Export eine Menge Containerladung angesammelt, die von den ab Freitag verfügbaren Wochenproduktionen im Inland stammt.

Heimathäfen

Bekenntnisse und Ausflaggung

Wenn Sie das Glück haben, die **HAMBURG EXPRESS** von Hapag-Lloyd auf der Elbe zu sehen, dann erleben Sie ein maximales lokales Bekenntnis. Das Schiff der Hamburger Linienreederei führt nicht nur an Bug und Heck das Wort »Hamburg«, sondern auch als Heimathafen. Heute ist es die Ausnahme, dass die Flagge die tatsächliche Herkunft offenbart. Nur zwölf Prozent sind es beispielsweise in der 3.000 Schiffe umfassenden deutschen Handelsflotte. Seit den 1970er Jahren hat es sich verstärkt entwickelt, dass die Schiffe ausgeflaggt werden. So lässt sich ein Schiff günstiger betreiben. Das führt dazu, dass Hamburger Schiffe mit Heimathäfen wie Monrovia in Liberia, Saint John's auf Antigua oder Luxemburg am Heck herumfahren. Kaum eines dieser Schiffe war jemals in diesen »Heimathäfen«, noch hat die Reederei in diesen Staaten Ambitionen über die reine Registrierung hinaus. Kurios wird es dann, wenn Ulan Bator, La Paz oder Kischinan am Heck zu lesen sind. Denn die Mongolei, Bolivien und Moldawien liegen weitab vom Meer. Um der zunehmenden Ausflaggung vorzubeugen, wurde, wie vorher in Norwegen und Dänemark, 1989 in Deutschland ein internationales Seeschiffsregister eingeführt. Oft auch Zweit- register genannt, erlaubt es, die deutsche Flagge zu führen, aber eine Besatzung außerhalb deutschen Tarifrechts zu beschäftigen.

Menschen an Bord

Nur wenige sind zu sehen

Gerade einmal 20 Seeleute mögen sich an Bord eines 400 Meter langen Containerschiffes befinden. Es ist also kein Wunder, dass man auf den ersten Blick kaum einen Menschen entdeckt. Die Chancen erhöhen sich dann, wenn das Lotsenboot zum Wechseln kommt, denn zumeist wird der Lotse von zwei Matrosen in Empfang genommen. Aber auch wenn die Schlepper kommen, stehen an Bug und Heck meist vier Leute auf Manöverstation. Am Deckshaus hat man die Chance, jemanden zu entdecken, unten die Mannschaft oder gar den Koch –

Hochbetrieb auf dem Peildeck der OOCL BERLIN

oder ganz oben, auf der Brückennock, den Kapitän oder Lotsen. Fährt ein großes Containerschiff in den Köhlbrand, ist manchmal die halbe Crew auf dem Peildeck ganz oben auf dem Schiff im Gange. Dann wird an Radar- und Lichtmastanlagen geschraubt und geknickt, um an Höhe zu verlieren und so die Köhlbrandbrücke zu passieren.

Besonders häufig
Bis zu 700-mal in Hamburg

Bis 2013 kam jeden Freitag ein kleiner, schneeweiß bemalter Container-frachter von Finnland nach Hamburg, die **KLENODEN**. Mit einer kurzen Unterbrechung fuhr das 104 Meter lange Schiff mit 370 Containerstell-plätzen seit 1996 in diesem Dienst.

Über 17 Jahre kamen gut 700 Anläufe in Hamburg zusammen. Mit sei-nem deutlich zu hörenden Dieselmotor-Geräusch fuhr KLENODEN dabei jedes Mal auch an seinem Geburtsort vorbei, der Sietas-Werft in Ham-burg-Neuenfelde, gegenüber von Blankenese.

KLENODEN **700-mal Kurs Finnland seit 1996**

Seit 1998 läuft ein Schiff mit auf-fällig hohem Seitentor jedes Wo-chenende den Hamburger Hafen an. Es ist einer von drei baugleichen Pa-lettenfrachtern der norwegischen Lys Line, die es zusammen auf über 800 Abfahrten von Hamburg brin-gen.

Wenn man sich die Liniendienste bezüglich der Häufigkeit ihrer An-läufe in Hamburg ansieht, stechen einem zwangsläufig die auffälligen Schiffe der italienischen Grimaldi Lines ins Auge. Gelborange-weiß, kann man die voluminösen und hochbordigen Schiffe schon von weitem erkennen. Unter ihnen ist die **GRANDE AMERICA** der Grandseigneur, seit 1997 brachte das Schiff es auf bis zu 10 Anläufe jährlich. Um die 180-mal war das Schiff also schon hier.

LYSVIK SEAWAYS **und ihre Schwestern 800-mal nach Norwegen seit 1998**

Besonders selten

Einmal und nie wieder

Wenn ein Massengutfrachter oder Bulker nach Hamburg kommt, ist es oft das erste und einzige Mal. Dann wird Schifffahrtsgeschichte geschrieben. Einmal und nie wieder taucht der große Stahlpott dann auf der Elbe auf. Wer zu staunen versteht, für den ist dies ein besonderer Moment. Man ist dann Teil einer kleinen Schifffahrtsgeschichte. Neben der Einmaligkeit des Anlaufs sorgt oft allein schon die Größe dieser Schiffe dafür, dass sich kaum jemand dieser Faszination entziehen kann.

Immer seltener bis hin zu besonders selten sind heute Schiffe, die in nur einem Exemplar gebaut werden. Da sticht natürlich die QUEEN MARY 2 heraus, auch wenn sie häufiger nach Hamburg kommt. Fast alle neuen größeren Kreuzfahrtschiffe sind keine Unikate. Die QM2 verkörpert noch den letzten großen Atlantikliner. Ein Schiff, für die raue Nordatlantikfahrt gebaut, mit klassischem Pooldeck am Heck.

Besonders selten sind ebenso Schiffe, die in bestimmten Ländern gebaut wurden. Aus Haifa in Israel kommt eine Serie kleiner Mehrzweckfrachter wie **BLUE NOTE** oder **BLUE TUNE**, aus Österreich **MEKHANIK FOMIN**.

ATLANTIC CARTIER in Hamburg, der letzte in Frankreich gebaute Frachter

Mittlerweile werden selbst Schiffe früher großer europäischer Schiffbaunationen in Hamburg rar. 2014 war mit der **ATLANTIC CARTIER** gerade mal ein in Frankreich gebautes Frachtschiff hier, aus dem britischen Schiffbau stammt das Schwesternschiff **ATLANTIC CONVEYOR**. Dass eine sich so über Technologie definierende Nation wie die USA nach dem Zweiten Weltkrieg kaum noch internationale Handelsschiffe gebaut hat, ist erstaunlich. 2006 war der Tanker **AMALIENBORG** das letzte Schiff von den wenigen hier in Hamburg.

Besonders selten sind auch bestimmte Heimathäfen, wie Bar in Montenegro, Port Victoria auf den

NYK ORPHEUS, 2014 einziges japanisches Schiff mit Heimathafen Tokio

Seychellen oder Mata-Utu auf der Südseeinselgruppe Wallis und Futuna. Mittlerweile ist selbst die japanische Flagge selten geworden, obwohl wöchentlich mehrere japanische Schiffe nach Hamburg kommen. NYK ORPHEUS war 2014 der einzige Frachter mit Heimathafen Tokio.

Besonders weit
Nonstop von und nach Hamburg

Wenn ein großes Schiff voll abgeladen Hamburg verlässt, fährt es weiter als nur nach Rotterdam oder Felixstowe. Der neue Mittelamerikadienst der Hamburg Süd bietet eine Direktverbindung nach Altamira, Mexiko. 5.400 Seemeilen liegen vor den Schiffen. Die nördlichere Atlantiküberquerung hat Hapag-Lloyd jedes Wochenende im Linienprogramm. MONTREAL EXPRESS, nomen est omen, fährt nach Montreal. Das sind 3.400 Seemeilen nonstop. Mitte der Woche steuert der Liniendienst von MSC Caucedo in der Dominikanischen Republik an. 4.300 Seemeilen weit geht diese direkte Reise.

Die kürzeste Tour der vollbeladenen Massengutfrachter geht von Hamburg nach Algerien oder in die Türkei. Die roten der sogenannten Bulker fahren häufig für Hamburg Süd direkt nach Rio de Janeiro oder Santos, 5.700 Seemeilen über den Atlantik. Andere Schiffe mit Getreide fahren bis in den Jemen oder die Vereinigten Arabischen Emirate, 6.400 Seemeilen. Mit Kali geht es auch bis Mumbai, manchmal sieht man noch die weißen Spuren der Ladung am Schiff. Einkommend sind es die Containerschiffe, die auf weiten direkten Wegen nach Hamburg unterwegs gewesen sind. Sie können nonstop von Hongkong oder Singapur gekommen sein, mit der Abkürzung durch den Suezkanal natürlich.

Kohle aus Südafrika oder Erz aus Brasilien wird ebenso direkt gebracht.

Die längste Direktverbindung nach Hamburg aber absolvieren diejenigen Kohlefrachter, die aus Newcastle im Bundesstaat New South Wales, Australien, kommen: 50 Tage ist ein Schiff vom größten Kohlehafen der Welt bis zu uns nach Hamburg unterwegs. 11.878 Seemeilen (oder 22.000 Kilometer) – legt es dabei zurück.

MONTREAL EXPRESS nonstop nach Kanada

Besonders groß
... und wie man die Größe erkennt

Wie groß sind große Schiffe? Ein ordentliches Schiff, sagte mir einmal ein Lotse, hat mindestens 80 Meter Länge. Ab dann ließe sich eigentlich erst von einem Schiff sprechen. Das ist im heutigen Maßstab nicht sehr viel, übertrifft aber immerhin schon das größte Verkehrsflugzeug der Welt um sieben Meter. Und der Airbus A380 ist schon mal eine Hausnummer – an Land. Auf See ist alles anders. Was hier groß ist, ist wirklich groß. Oder gar riesig.

In Fachkreisen gelten heute Schiffe von 150 bis 200 Meter Länge als »handlich« – Handysize. Ein technisches Gerät oder Fahrzeug von über 200 Meter Länge ist für unsere Wahrnehmung bereits sehr komplex. Ab 300 Metern verschätzt der Mensch sich mit hoher Wahrscheinlichkeit bei der Größe. Es hilft dann nur noch der gezielte Blick aufs Größendetail, um über Erfahrung oder Berechnung zu einer Zahl zu gelangen. Bei Containerschiffen heißt dies Kisten zählen, bei Bulkern gibt einem die Anzahl der Decksluken einen ungefähren Anhaltspunkt. Deckshaus- und Containerstapelhöhen helfen ebenfalls bei den ersten Schätzungen.

Die größten Schiffe haben in Sachen Größe an Land nur noch ausnehmend wenig Konkurrenz. Das größte bewegliche Objekt ist die Abraumförderbrücke Typ F60, begehbar in der Niederlausitz. Sie ist 502 Meter lang, 240 Meter breit und 80 Meter hoch, mit 13.500 Tonnen Gewicht aber eher ein gerüstartiger, fragil erscheinender Bau denn ein massiver Körper. Aber auch dieses Ausnahmeobjekt wird zu Wasser in seinen Ausmaßen übertroffen: Der schwimmende Flughafen MEGAFLOT in der Bucht von Tokio ist 1.000 Meter lang und 121 Meter breit. Der Rekord für Tragfähigkeit ist ebenfalls in Japan zu finden: Die schwimmenden Tanklager KAMIGOTO NO. 1 bis 5 bringen es auf jeweils 887.500 Tonnen. Die Flexibilität des Werkstoffes Stahl macht dies alles möglich.

In Hamburg regierten sehr lange die Supertanker LAGENA und LIOTINA als Größenkönige mit 351,40 Meter Länge bei 55,50 Meter Breite und bei einer Vermessung von 153.809 BRT. 1975 und 1976 kamen sie zum Reparaturbesuch ins Dock Elbe 17, allerdings völlig ohne Ladung. Erst die letzte Elbvertiefung führte dazu, dass seit 2000 größere

PEENE ORE Hamburg-Premiere am 25. Februar 2000

BERGE FJORD größtes Schiff bis 2012 und bis heute größter Bulker

Schiffe nach Hamburg kommen. Die Bulker **PEENE ORE** und **NECKAR ORE** übernahmen die Spitze von der **LAGENA** mit 332 Meter Länge, 58 Meter Breite bei 155.051 BRZ. **BERGE VIK** und **BERGE FJORD** setzten bei selben Ausmaßen ab 2004 noch 4.000 Vermessungs-Tonnen drauf. Das Quartett war »Hamburg Max«, bis im November 2012 das Containerschiff **CMA CGM MARCO POLO** mit 396 Metern Länge bei 53,60 Metern Breite mit 175.343 BRZ kam. Sie beweist, dass auch 400 Meter lange Schiffe auf der Elbe ein- und auslaufen können, obwohl nautisch gesehen eigentlich kein Wendebecken dieser Länge in Hamburg existiert. Das Drehmanöver wurde anders gelöst.

2014 kamen elf Schiffe dieser Dimension insgesamt 37-mal und sind dabei, den Alltag zu erobern. 2014 kam mit der **CSCL GLOBE** ein Containerschiff, das nur geringfügig länger und breiter war. Aber mit 399,57 Meter Länge, bei 58,60 Meter Breite brachte es eine Vermessung von 187.541 BEZ als neuen Rekordeintrag. Auch wenn dieses kurzzeitig größte Containerschiff der Welt in dieser Marke schon wieder überboten wurde, hält es mit seinen vier Schwestern zur Zeit den Rekord als längstes Frachtschiff der Welt.

Betrachtet man die Tragfähigkeit und richtet den Blick zurück nach Hamburg, dann wird der Rekord wohl noch auf lange Sicht bei den Massengutfrachtern bleiben. Die **NECKAR ORE**, später als **AMY N** in Fahrt, kam bislang 2009 zum letzten Mal mit ihren 322.457 Tonnen Tragfähigkeit. Mit einem Maximaltiefgang von 23 Metern wird Hamburg, wie von allen Großbulkern nur mit einer Teilladung angelaufen. Dennoch hält dasselbe Schiff nicht nur den Rekord in theoretischer Ladefähigkeit, sondern auch in tatsächlicher Beladung. Am 4. September 2004 war die **AMY N** mit 161.000 Tonnen Erz aus Brasilien im Bauch das bisher schwerste Schiff auf der Elbe.

AMY N mit Rekordladung nach Hamburg am 24. September 2004

Was klingt denn da?
Motor, Schornstein und Typhon

Jedes Schiff hat seinen eigenen Klang, manche unauffällig, manche markant. Nicht nur der Motor und alles, was daran hängt, macht Geräusche. Manchmal übertönen Winden, Querstrahlruder oder Lüftergeräusche das dumpfe Wummern der Aggregate. Generell bringt leerer Schiffsraum eine Verstärkung der Geräusche. Ein hohes Gewicht hingegen, wie bei Massengutfrachtern, die tief im Wasser liegen, lässt selbst einen 300-Meter-Giganten so leise daherkommen, dass man das Schlagen der Wellen an den Schiffsrumpf hört anstatt der Motorgeräusche des Schiffes. An der Elbe ist das tatsächliche Geräusch bei einer Schiffspassage immer ein Mix aus Schiff, Wasser und Wind. Der Wind ist dabei der entscheidende Spieler, der je nach Richtung und Intensität bestimmt: Mal verstärkt er das Schiffsgeräusch, mal übertönt er es.

Neben der Hauptmaschine bestimmen die Form des Schornsteines und die Schallisolierung den Klang, den wir am Ufer hören. Die Hamburg-Süd-Schiffe der MONTE- oder RIO-Klasse machen mit ihrem tiefen sonoren Brummen kein Geheimnis um ihren Schiffsdiesel, der wie ein schnell und gleichmäßig schlagendes Herz anmutet. Die gelben GRIMALDI-Liner geben neben dem Antriebsaggregat mit einer Vielzahl von Belüftungsanlagen schon fast einen schrillen Klang ab.

Den stolzesten Schornstein und den dementsprechenden Klang aber hat die MOL-P-Klasse. Der Schornstein ist so hoch, dass er bei einigen Schiffen dieser Serie gekappt wurde, um nicht an Brückendurchfahrten zu scheitern. Aktuell fahren ZIM HAMBURG und ZIM LONDON noch mit Originalausstattung auf der Elbe.

Neben den Dieselaggregaten und Belüftungssystemen sind ab und zu auch die Töne zu hören, die man im Binnenland am meisten mit der

MOL PACE – die Mol-P-Klasse fährt bei den Containerschiffen mit den höchsten Schornsteinen

Legendäres Original: Typhon der QUEEN MARY 2

Großschifffahrt verbindet: der durchdringende Sound der Typhone. Wenn die Schiffshörner Signal geben, lässt dies kaum jemanden unberührt, zumal sie ja mit bis zu 143 Dezibel auf den großen Schiffen auch lauter als ein Düsenjet tönen. Diese Klänge sind sonor und tief, aber wirken trotzdem warnend statt beruhigend. Der Star unter den Typhonen ist unzweifelhaft das der QUEEN MARY 2. Dieses Modell Tyfon 575 von Kockums ist mit 55 Hz auf ein tiefes A gestimmt. Man kann es bis zu 15 Kilometer weit hören, also auch in den Teilen der Stadt, die nicht an der Elbe liegen. Dann liegt Gänsehautatmosphäre über Hamburg. Man hört und fühlt geradezu, dass es der Klang aus einer anderen Zeit ist. Bereits seit 1936 ertönte eines dieser Signalhörner über den Weiten des Atlantiks, es wurde von der Vorgängerin QUEEN MARY übernommen, das andere nachgebaut. Wer diesen Klang hören durfte, hat damit eine Erinnerung für das ganze Leben gewonnen.

Automatic Identification System
Im Bann der hüpfenden Dreiecke

Die Basisinformationen über Schiffsbewegungen sind inzwischen auf dem Smartphone mit an die Küste zu nehmen. Ob nun fleetmon.com, hafenradar.de, marinetraffic.com oder vesseltracker.com und andere mehr, sie helfen dem Schiffsinteressierten, sich zu orientieren. Ohne Zweifel sind durch diese Systeme viele Menschen mehr in den Bannkreis der Schifffahrt gezogen, auch wenn sie nicht zur See fahren.

Das Zauberwort hinter den Apps heißt AIS (Automatic Identification System). Im Jahr 2000 wurde AIS von der Internationalen Maritimen Organisation (IMO) als verbindlicher Standard beschlossen. Die Schiffe senden Position, Reise- und einfache Schiffsdaten, um sowohl anderen Schiffen Navigation und Kommunikation zu erleichtern als auch an Land Verkehrsüberwachung und Lenkung zu ermöglichen. Als UKW-Funksystem reicht es weiter als das Schiffsradar, und via Satellit und Internet wird es auf entsprechende Karten übertragen.

Je nach Größeneinstellung auf den Bildschirmen scheint die Welt nur noch aus Schiffen zu bestehen. Vor Ort in Hamburg kann man sich aber überzeugen, dass zwischen den einzelnen Dreiecken oder anderen Symbolen, die auf der Übersichtskarte ein Schiff markieren, in Wirklichkeit doch deutlich Platz ist. Die Apps erleichtern es allen Zaungästen der Schifffahrt, Schiffe zu finden, zu erwarten und grundsätzliche Informationen zu erhalten. Allerdings liegen die Grenzen der Informationen im System. Die Datengrundlage kommt von den Schiffen, zum Teil wird sie per Hand eingegeben. Ein Fehler bleibt dann ein Fehler. Einmal im System eingebrannt, bleibt er auf Dauer im Internet erhalten.

Schiffsvermessung und Registrierung
Schiffe und Zahlengewitter

Fakten, Fakten, Fakten: Länge, Breite, Tiefgang, TEU, Motorleistung, Geschwindigkeit. Das ist nur die Spitze des Eisbergs aus einem Zahlenmeer, das zu jedem Schiff gehört. Wird ein Schiff neu gebaut, wird es von einer Klassifikationsgesellschaft vermessen und registriert. Je nach Gesellschaft werden manchmal über 100 Daten in einem Datenblatt veröffentlicht, in neuerer Zeit vor allem sicherheitsrelevante.

Bis vor wenigen Jahrzehnten waren die meisten Schiffe hochindividuell, heute sind es die wenigsten. Solch ein einst urmythisches Objekt wie das Schiff mehr und mehr zu rationalisieren, das haben vorallem Zeiten des Krieges und der wirtschaftlichen Kalkulation bewirkt. Ein Schiff ist heute mehr denn je ein technisches Objekt, bis ins allerkleinste Detail durchkonzipiert, entstanden aus umfangreichen Plänen. Schiffe sind damit auch kopierbar. Und werden zu Typen und Klassen. Selbst Schiffe über 350 Meter Länge können zentimetergenau und bis auf die letzte Tonne genau gleich bemessen sein.

Wer aber Schifffahrt wirklich begreifen möchte, dem bleibt am Ende nur, die Fülle an Zahlen so auf sich wirken zu lassen, dass sie wieder Teil des großen Ganzen werden. Die wirkliche Größe und Großartigkeit von Schifffahrt lässt sich am Ende nur vom Gefühl her begreifen. Dabei hilft Staunen, und dann geht es um das Dabeisein, einfach Tag für Tag. Hamburg ist dafür ein perfekter Ort.

CONTAINERSHIPS VII mit Scrubber

HUMMEL LNG-Hybrid-Barge

Sauberere Schifffahrt

Am Schornstein zu erkennen

Während Schifffahrt im Allgemeinen als umweltfreundliche Alternative zum Landtransport gilt, erreichen im Speziellen die Emissionswerte für Schwefel in Schiffsabgasen Spitzenwerte. Hierfür ist das sogenannte Schweröl verantwortlich, das hauptsächlich aus Rückstanden der Erdölverarbeitung besteht. Seit 1973 gibt es Bestrebungen der Internationalen Maritimen Organisation, Umweltaspekte stärker durchzusetzen. Seit 2015 sind in Nord- und Ostsee die bisher schärfsten Bestimmungen in Kraft, die nur noch 0,1 Prozent Schwefelgehalt im Kraftstoff erlauben. Neben der Verwendung hochwertigerer Brennstoffe ist die Nachrüstung einer Abgasentschwefelungsanlage als Alternative erlaubt. Diese sogenannten Scrubber sind an einer Abgasrohr-Abzweigung oder einem voluminöseren Schornstein deutlich zu erkennen. Das Plus für die Umwelt erzeugt ein Minus der Ästhetik. Ein nicht zu vernachlässigender Effekt, ohne jede optische Auswirkung, tritt durch das Slow Steaming ein, das langsamere Fahren von Containerschiffen im Liniendienst.

Mit knapper und immer teurer werdendem Öl stehen die Zeichen langfristig auf LNG. Liquid Natural Gas, verflüssigtes Erdgas, gilt als saubere Alternative, um Schiffe anzutreiben. Ohnehin ohne Schwefel und Feinstaub, wird hierbei auch die Stickoxidemission um 90 Prozent, der CO_2-Ausstoß um 20 Prozent gesenkt. Jedoch ist Gas als Schiffsbrennstoff sehr aufwändig herzustellen. Es muss verflüssigt und dafür extrem heruntergekühlt werden. Die Vorbereitungen für diese Umrüstung laufen und sind an einigen Orten der Welt bereits in großem Maßstab realisiert. In Katar legen gigantische Frachter an, um verflüssigtes Erdgas zu verschiffen. Ganz nebenbei sind die LNG-Tanker auch die ersten Schiffe, die mit diesem Treibstoff fahren. Sie nutzen dabei das technisch bedingte »Boil-off«. Einfach gesagt wird die Verflüchtigung in den Laderäumen für den eigenen Antrieb benutzt.

Hamburg hat kein eigenes großes Terminal für LNG, das nächste ist in Rotterdam. Dennoch wurde ein kleiner Anfang gemacht mit einer

SAJIR erstes Containerschiff LNG-ready

Weltpremiere: Die LNG-Hybrid-Barge HUMMEL wird die großen Kreuzfahrtschiffe zukünftig während ihrer Liegezeit mit Strom versorgen.

Bevor sich in der Handelsschifffahrt dieser Antrieb durchsetzt, werden wohl noch einige Jahre vergehen. 2015 kam mit der SAJIR das erste Großcontainerschiff auch nach Hamburg, das baulich auf die Nachrüstung mit einem LNG-Antrieb vorbereitet ist.

Schifffahrtswelten
Unterschiedlicher und vielfältiger geht es kaum

Die Gewässer dieser Erde sind bevölkert von verschiedenen Schifffahrtswelten, die sich kennen oder auch gar nicht kennen, verzahnt sind oder nicht verzahnt. Die größten sind die Handelsseeschifffahrt und die Fischereischifffahrt. Die Binnenhandelsschifffahrt ist eine vollkommen eigene Welt, ebenso wie die Schlepp- und Versorgungsschifffahrt. Die Passagierschifffahrt ist wiederum eine eigene Sphäre, mit Kreuzschifffahrt, Passagierfähren über See, Passagierfähren über Seen und Flüsse, Binnenkreuzfahrtschiffen und Tagesrundfahrtschiffen.

Yachten bilden ein ganz eigenes Profil, ob nun groß oder klein, unter Motor oder Segeln. Die grauen Marinen und Navies dieser Welt. Segelschulschiffe gibt es mit Marinekadetten und Freizeitmatrosen. U-Boote empfiehlt es sich gesondert zu betrachten. Ebenso wie die Forschungsschifffahrt oder schwimmende Offshore-Installationen, Feuerschiffe und Seenotrettungsschiffe. Jede Behörde, wie Feuerwehr, Polizei, die Wasser- und Schifffahrtsämter und der Zoll betreibt Boote und Schiffe, über die manchmal schwer etwas zu erfahren ist.

Aus vielen Typen der verschiedensten Bereichen setzt sich schlussendlich die Traditionsschifffahrt zusammen.

Schiffe aus all diesen Welten kommen nach Hamburg, und das ganze Universum der Schifffahrt setzt sich hier eindrucksvoll zusammen, wenn man nur lange und genau genug hinschaut.

Die Schiffe

Containerschiffe
Immer größer, immer breiter

War der Hamburger Hafen noch vor zwei Dekaden ein vielschiffiges Abenteuer, so hat sich der Schiffsverkehr seit ungefähr zehn Jahren mehr und mehr auf feste Muster eingefahren. Wirklich ungewöhnliche Schiffstypen kommen immer seltener. Optisch wird die Schifffahrt unzweifelhaft von der Containerschifffahrt dominiert. Seit nun schon 40 Jahren bestimmen die Schiffe mit den bunten Kisten das Bild in den Häfen. Vor allem im letzten Drittel dieser Entwicklung sind die dazugehörigen Schiffe längenmäßig an ein Limit gekommen. Die Grenze des mit Stahl sinnvoll Machbaren scheint bei 400 Metern zu liegen. Seit 2013 liegt zwar der Längenrekord bei 488 Meter Länge, doch bei diesem »Schiff« handelt es sich um eine einmalige schwimmende Erdgasverflüssigungsanlage, die fest vor Australien verankert liegt.

Auch wenn die Längengrenze offenbar erreicht ist, geht es doch immer noch in die Breite. Das Breitenlimit der Schifffahrtswelt wächst deutlich. 1988 wurde mit 38,50 Meter erstmals bei einem Containerschiff die Breite für die Panamakanaldurchfahrt (Panamax) überschritten, 1996 stießen als erste Schiffe der Mærsk Line mit 42,50 Meter, 2006 mit 56,40 Meter und 2013 mit 59 Metern in weitere Breitendimensionen vor. Von 13 Containern nebeneinander an Bord bei Panamax-Breite ist man damit bei 23 Containern angekommen.

Die Stahlkistengiganten, die nach Hamburg kommen, scheinen manchmal schon deutlich zu groß für die Elbe zu sein. So nah, wie man sie hier vom Ufer aus erleben kann, fasziniert ihre Größe umso mehr. Sie erscheinen sogar größer, als sie im Buche stehen! Denn die in den Schiffsregistern angegebene Zahl für den Bruttoraum bezieht sich auf das leere Schiff. Doch leere Containerschiffe bekommt man in Hamburg nur sehr selten zu Gesicht, es sei denn für einen Werftaufenthalt, wenn das Schiff im Dienst pausiert oder den Dienst wechselt. Dann schwimmen die Schiffe kurzzeitig mal hoch auf und sehen vollkommen anders aus als sonst, wenn die normalen Containergebirge die Schiffe komplett überladen erscheinen lassen.

Die größten Containerschiffe in Hamburg

Die Chronologie der ersten Ankünfte

(Uhrzeitangabe jeweils: an der Hamburger Hafenlotsenstation; Längen aufgerundet)

- 3.2.**1996** 14:00 Uhr **REGINA MÆRSK** – Erstes **6.000-TEU**-Containerschiff in Hamburg. 318 Meter lang, 42,90 Meter breit.
- 30.5.**2001** 21:30 Uhr **CMA CGM BALZAC (CONTI PARIS)** – Erstes **6.500-TEU**-Containerschiff in Hamburg. 300 Meter lang, 40 Meter breit.
- 22.11.**2001** 0:00 Uhr **HAMBURG EXPRESS** – Erstes **7.500-TEU**-Containerschiff in Hamburg. 320 Meter lang, 42,90 Meter breit.
- 17.10.**2004** 1:10 Uhr **CSCL ASIA** – Erstes **8.000-TEU**-Containerschiff in Hamburg. 335 Meter lang, 42,90 Meter breit.
- 29.4.**2005** 1:10 Uhr **COLOMBO EXPRESS** – Erstes **8.700-TEU**-Containerschiff in Hamburg. 335 Meter lang, 42,90 Meter breit.
- 27.03.**2006** 14:00 Uhr **COSCO GUANGZHOU** – Erstes **9.000-TEU**-Containerschiff in Hamburg. 350 Meter lang, 42,80 Meter breit.
- 3.9.**2007** 21:30 Uhr **COSCO ASIA** – Erstes **10.000-TEU**-Containerschiff in Hamburg. 349 Meter lang, 45,60 Meter breit.
- 20.4.**2009** 15:30 Uhr **CMA CGM ANDROMEDA** – Erstes **11.000-TEU**-Containerschiff in Hamburg. 364 Meter lang, 45,60 Meter breit.
- 13.7.**2010** 18:30 Uhr **CMA CGM CHRISTOPHE COLOMB** – Erstes **13.300-TEU**-Containerschiff in Hamburg. 366 Meter lang, 51,20 Meter breit.
- 23.2.**2011** 21 Uhr **CSCL STAR** – Erstes **14.300-TEU**-Containerschiff in Hamburg. 366 Meter lang, 51,30 Meter breit.
- 12.12.**2012** 4:00 Uhr **CMA CGM MARCO POLO** – Erstes **16.000-TEU**-Containerschiff in Hamburg. Mit 396 Meter Länge bei 53,60 Meter Breite das erste Containerschiff der 400-Meter-Klasse.
- 5.1.**2014** 8:00 Uhr **EUGEN MÆRSK** – **15.500- TEU**, aber mit 398 Metern längstes und 56,40 Meter breitestes Containerschiff in Hamburg, auch das längste Schiff, das Hamburg bis dahin angelaufen hat.
- 13.1.**2015** 8:00 Uhr **CSCL GLOBE** – Erstes **19.100-TEU**-Containerschiff in Hamburg. Größtes Containerschiff der Welt bei Ablieferung. Knapp 400 Meter lang, 58,60 Meter breit. Das Schiff schlägt zu diesem Zeitpunkt in Hamburg alle Größenrekorde, bis auf den der Tragfähigkeit.

UMM SALAL Zehn Container tief in den Luken

CMA CGM MARCO POLO Hamburg-Premiere am 12. Dezember 2012

Das größte Schiff in Hamburg
Neue Maßstäbe weltweit

Die CSCL GLOBE ist das größte Containerschiff und das größte Schiff aller Zeiten, das jemals auf der Elbe war, sowohl am längsten als auch am breitesten. Für Hamburg stimmen die Superlative. Darüber hinaus sieht es anders aus: Den Titel »größtes Containerschiff der Welt nach Anzahl der Containerstellplätze« hielt es mit 19.100 TEU nur bis kurz nach der Ablieferung an die Reederei, irgendwo auf dem Weg nach Europa, vielleicht auf Höhe von Singapur, ging der Titel aber schon an MSC OSCAR, die 124 Kisten mehr schafft. Den Titel »größtes Containerschiff nach Tragfähigkeit oder nach Größe des Schiffes als Bruttoraumzahl (vermessenes Schiffsvolumen)« haben die CSCL GLOBE und ihre vier Schwestern den vorigen Rekordhaltern, der MÆRSK-McKINNEY MØLLER und ihren 19 baugleichen Nachfolgern, ohnehin nicht abringen können. Auch MSC OSCAR bleibt in der Bruttoraumzahl etwas kleiner als die Mærsk-Schiffe. Mærsk hält aktuell auch einen anderen Rekord: Am 26. Januar 2015 hatte die MÆRSK-McKINNEY MØLLER bei ihrem Auslaufen vom spanischen Algeciras Richtung Tanjung Pelepas, Malaysia, mit 18.168 20-Fuß-Containern-Equivalent an Bord einen neuen Weltrekord an realer Beladung. Bis dahin hatte noch nie ein Containerschiff die 18.000-TEU-Marke im Transportalltag überschritten. Da in der Praxis die doppellangen 40-Fuß-

CSCL GLOBE Hamburg-Premiere am 13. Januar 2015

Container überwiegen, waren es an realer Stückzahl natürlich weit weniger. Bis zu zehn Containerlagen stehen dann an Deck übereinander. In Hamburg werden zehn Container übereinander nicht gesichtet, da die Containerbrücken an den relevanten Liegeplätzen dafür nicht hoch genug sind.

Mit 399,57 Meter sind die Schiffe der CSCL-GLOBE-Klasse also bis auf weiteres die längsten Containerschiffe. Für Hamburg bedeutete die Ankunft der CSCL GLOBE zudem den höchsten Sprung in der Containerladekapazität gegenüber dem vorherigen Rekordhalter. Obwohl nur 4,50 Meter länger und 5 Meter breiter als die **CMA-CGM-MARCO-POLO**-Klasse, betrug der Zuwachs über 3.000 Stellplätze. Die CSCL GLOBE wird mit dem größten Dieselmotor angetrieben, der jemals gebaut wurde. Die 17 Meter hohe, 2.700 Tonnen schwere Maschine wird aus Emissions- und Rentabilitätsgründen mit um 30 Prozent gedrosselter Leistung betrieben. Bei 77.200 PS fährt das Schiff mit einer Dienstgeschwindigkeit von 20,5 Knoten. Geschwindigkeit allein hat in der Containerschifffahrt ausgedient. Effizienz kommt ins Spiel, und Umweltaspekte gewinnen an Einfluss. Im Schiffbau bedeutet weniger Geschwindigkeitsbedarf unter anderem, dass die Schiffe breiter werden können. Bei kleineren Schiffsklassen haben sich sogenannte Wide-Beam-Containerschiffe bereits etabliert. Bei den größten Containerschiffen bedeutet mehr Breite aber auch, dass es Bedarf für entsprechend breite Containerbrücken an den Terminals gibt.

Nicht erst mit der CSCL GLOBE sind die Schiffe in Dimensionen gewachsen, bei denen es dem Beobachter am Ufer schwerfällt, die Größe durch bloßes Sehen zu erfassen. Hier hilft nur der gezielte Blick auf Details wie Deckshaus- und Containerstapelhöhen sowie das Zählen von Containerreihen. Ein paar Faustregeln seien genannt: Befindet sich das Deckshaus vorn und ein separater Schornstein achtern, handelt es sich mindestens um ein 13.000-TEU-Schiff von 366 Metern Länge. Nur die rote CAP-SAN-Klasse der HAMBURG SÜD, die grünen CSAV-Schiffe und ein paar MSC-Schiffe mit A-Namen wie ANTALYA sind hiervon die kleineren Ausnahmen. Die noch größeren 400-Meter-Schiffe wirken schlanker als die 366-Meter-Pötte. Wenn man es noch dazu mit einem 18.000-TEU-Containerschiff zu tun hat, dann passen zehn normal hohe Container vor dem Deckshaus übereinander, ohne dass der Sichtstrahl behindert wird. Die Tendenz zu den höchsten Containerstapeln an Bord hier in Hamburg hat China Shipping Container Lines (CSCL).

Rekordjagd im Schiffbau
Containerriesen sind nicht die Größten

Generell fallen im Schiffbau gerade fast gleichzeitig alle Rekorde: Das längste, das breiteste, das größte jemals gebaute Schiff – man arbeitet sich in neue Dimensionen vor innerhalb dessen, was stahlbautechnisch möglich ist. Aktuell sind 1.700 Schiffe mit über 100.000 BRZ Vermessung im Einsatz. Über 300 dieser Giganten waren schon in Hamburg zu Besuch.

CMA CGM ALEXANDER VON HUMBOLDT zweites CMA CGM 400-Meter-Schiff; hoch gestapelt zur Taufe am 30. Mai 2013, in Hamburg

Doch die größten kommen nicht und werden auch nicht kommen. Die CSCL GLOBE und ihre Schwestern liegen gerade einmal auf Platz 66 im allgemeinen, weltweiten Größenranking der Schiffe.

Nicht weit von Hamburg besteht in Rotterdam die Chance, das größte Schiff der Welt zu sehen. Das Offshore-Installationsschiff **PIONEERING SPIRIT** führt bei 403.000 BRZ mit großem Abstand und ist mehr als doppelt so groß wie die Giganten, die nach Hamburg kommen. Allerdings kommt die Größe auf Bildern kaum zur Geltung, wohl wegen des ungewöhnlichen Doppelrumpfs von 123 Meter Breite.

Das Wachstum der Containergiganten
Die Ostasienlinien haben die größten Schiffe

Vor 20 Jahren konnte ich noch den letzten Supertanker erleben, der in Hamburg war. Der Transportrausch mit dem schwarzen Gold hatte die Schiffsgrößen der Tanker in Dimensionen über 300 Meter Länge und 50 Meter Breite getrieben. Aber auch Containerschiffe waren damals schon fast 300 Meter lang, jedoch immer nur bis 32,20 Meter breit. Die Breite der Panamakanalschleusen war das Maß aller Dinge, um auch für Liniendienste rund um die Welt eingesetzt werden zu können. 1972 wurden mit der damaligen **HAMBURG EXPRESS** 3.000 TEU erstmals überschritten. 24 Jahre später verdoppelte sich die TEU-Transportkapazität mit der **REGINA MÆRSK**. Bei 320 Meter Länge und 42,80 Meter Breite war sie

CSCL GLOBE verlässt Hamburg am 16. Januar 2015

ELEONORA MÆRSK, Schwester der EMMA MÆRSK, erstmals ein Schiff größer als die Supertanker – davor der HALUNDER JET

bereits ausschließlich für die Abfahrt von der Drehscheibe Ostasien zugeschnitten. Die damals gigantischen Maße eines Supertankers wurden zwar in der Länge fast, aber in der Breite noch nicht erreicht. Weitere zehn Jahre später konnte der nächste Rekordhalter, die EMMA MÆRSK, wiederum mehr als das Doppelte tragen. 15.000 TEU stapelte der neue Gigant auf fast 400 Meter Länge und 56,40 Meter Breite. Erstmals wurden jetzt die von den Standardsupertankern gewohnten Schiffsmaße deutlich überschritten. Sowohl REGINA MÆRSK als auch EMMA MÆRSK waren den Wettbewerbern von damals in der Größe deutlich voraus. Das gelang der dänischen Reederei im Jahre 2013 erneut mit der MÆRSK-McKINNEY MØLLER. Schon 2,50 Meter mehr in der Länge wie auch in der Breite brachten eine immerhin um fast 3.000 TEU erhöhte Transportkapazität.

Damit begann das Zeitalter der 18.000-TEU-Schiffe. 2014 folgten zwölf Einheiten dieser Größe. 24 weitere aktuelle Ablieferungen stehen in den Werftbüchern. 20.000-TEU-Schiffe sind im Gespräch, auch mit Dual-Fuel-Motoren. Der Boom der großen Schiffe geht weiter, wenn auch in kleineren Schritten bei den Schiffskapazitäten, mit den neuen Motoren dann vielleicht aber mit größeren für die Umwelt.

Am zurückhaltendsten bei den großen Schiffsklassen sind Reedereien aus Taiwan und Japan. Yang Ming und »K«-Line sind 2015 die letzten, die ihren Asien-Europa-Dienst auf eine Schiffsklasse über 13.000 TEU upgraden. Gebaut werden diese Schiffe erstmals auch in Japan als viertem Schiffbauland nach Dänemark, Südkorea und China. Allerdings sind die Schiffe von den Reedereien nur gechartert. Das hält die Linienreedereien offener für die weiteren Entwicklungen in der Zukunft.

Hamburger Geschichte und Gegenwart
Afrika – Australien – Amerika – Mittelmeer

Während der Ostasien-Containerverkehr durch zunehmende Schiffsgrößen besticht, stehen die anderen Containerlinien für lang anhaltende Tradition. Die führt in Hamburg bis in eine Zeit zurück, in der das zollschrankenreiche Deutschland noch kein Handelsparadies war. Französische Kaufleute und englische Kapitäne kamen an die Elbe, um ihr Glück zu versuchen. Godeffroy aus La Rochelle, Miller aus Perth und Sloman aus Great Yarmouth sind bis heute Namen, die die Stadtgeschichte prägen. Sloman, gegründet 1793, ist das älteste Schifffahrtsunternehmen in Deutschland. Sloman gelang nach Aufhebung der napoleonischen Kontinentalsperre 1828 ein erster regelmäßiger Liniendienst von Hamburg. Der führte zuerst nach London und dann nach New York. Ab 1836 war auch die Auswanderung ab Hamburg zugelassen, so kam 1845 eine Linie nach New Orleans hinzu. 1841 engagierte Sloman sich in der Australienfahrt. In den 1850er Jahren kamen Verbindungen an die südamerikanische Ost- und Westküste hinzu.

Ab 1847 bekam Sloman Konkurrenz durch die HAPAG, zu deren Gründern unter anderem Bolten, Godeffroy sowie Laeisz gehörten. 1857 eröffnete sie einen Liniendienst nach Kanada. Im gleichen Jahr kam mit dem Norddeutschen Lloyd Konkurrenz aus Bremen dazu. 1871 wurde die Reederei Hamburg Südamerikanische Dampfschifffahrts-Gesellschaft (HSDG) gegründet. August Bolten, der die Geschäfte von Miller weiterführte, gehörte gleichermaßen zu ihren Gründern und brachte seine südamerikanische Linienverbindung mit ein.

CAP SAN LORENZO Kurs Südamerika – Tradition seit 1871

BANGKOK EXPRESS
HAMBURG
IMO 9252553

HANOVER EXPRESS und BANGKOK EXPRESS von Hapag-Lloyd
am Containerterminal Altenwerder

Für Verbindungen nach Afrika steht die Familie Woermann, die 1849 ihr erstes Segelschiff nach Afrika entsandte und später zur größten Privatreederei weltweit wurde. Die bis heute bestehende Deutschen Afrika-Linie ging 1942 aus der Übernahme der Woermann'schen Aktivitäten durch die 1924 gegründete Reederei John T. Essberger hervor, die danach selbst zur größten deutschen Privatreederei wurde.

Dies ist die Kurzversion einer sehr bewegten Geschichte, über die in Hamburg viele Bände geschrieben wurden. Regelmäßige Verbindungen nach New York, nach Australien, Südamerika sowie Afrika bestehen bis heute und sind dank des Containers zu weit verzweigten Netzwerken geworden.

Durch die ständig nachfolgenden größeren Schiffsklassen auf der Ostasienroute kommen die ehemaligen Flaggschiffe von dort hier zu einem zweiten Einsatz. Der Südafrikadienst der MSC disponiert beispielsweise die alten Achttausender, die vor fünf Jahren noch nach Asien fuhren, ebenso macht es Hapag-Lloyd in seinem Nordamerikadienst. Die kleinere Größenklasse, die ehemaligen 6.000-TEU-Ostasienschiffe der CMA CGM wie auch die von MSC, werden von diesen Reedereien mittlerweile in den Indiendiensten eingesetzt.

NORDIC HAMBURG vom Waltershofer Hafen Kurs St. Petersburg

Feederschiffe
Die kleinen Kistenreisen

Der Containerschiffsverkehr in Nordeuropa lässt sich wie das Ineinandergreifen unterschiedlich großer Zahnräder verstehen. Die interkontinentalen Großschiffe machen an nur wenigen Punkten von Antwerpen bis Hamburg Station. Von dort sammeln die Feeder, die kleineren Kistentransportschiffe, die Ladung zusammen, um sie den Kunden in Skandinavien oder im Baltikum zuzustellen. Lässt sich bei den großen Containerschiffen meist auf Monate vorhersagen, in welchem Liniendienst sie fahren und wann sie das nächste Mal wieder in Hamburg sein werden, steckt das

Netzwerk der Feederdienste voller Überraschungen. Sehr selten kann man ohne tagesaktuelle Fahrplankenntnisse wissen, ob das Schiff beispielsweise nun nach Göteborg, Helsinki oder St. Petersburg fährt.

Das komplexeste Netzwerk unterhält die dänische Reederei Unifeeder. Sie wurde 1977 in Aarhus gegründet und steht geradezu synonym für den Schifffahrtsalltag in Hamburg. Kein Tag vergeht ohne ein Unifeeder-Schiff auf der Elbe. Keines dieser Schiffe ist im Besitz der Reederei, sämtliche Einheiten sind gechartert. Offenbar will die Reederei flexibel bleiben, das Geschäft ist zu schnelllebig, als dass man sich über Jahre auf eine Schiffsgröße festlegen könnte oder wollte. Heute verbindet die Reederei mit einer Flotte von fast 50 Schiffen über 50 verschiedene Häfen miteinander.

LARISSA, FREDERIK und **TONGAN**

Eine der wenigen sichtbaren Regelmäßigkeiten fand weiter vorn schon Eingang in dieses Buch: Die **KLENODEN** fuhr mit kurzen Unterbrechungen jeden Freitag von Hamburg nach Finnland ab. 2014 wurde sie durch das etwas größere Schiff **RAGNA** ersetzt, das ebenfalls auf der Sietas-Werft in Hamburg-Neuenfelde entstanden ist.

Zwei einfache Regeln für die Feederdienste auf der Elbe kann man sich merken: Kleine Containerschiffe mit Kränen fahren nach Norwegen. Dort hat bei weitem nicht jeder kleine Hafen in jedem Fjord eine große Containerbrücke. Beim Laden und Löschen der Container ist die Hebekapazität des Schiffes selbst gefragt.

Und die größeren unter den Klei-

PERSEUS J Abgang vor Athabaskakai

ICE RUNNER Aufkommen vor Athabaskakai

nen, die bis zu 1.600 20-Fuß-Container tragen können, fahren fast alle in Richtung St. Petersburg, in den größten Hafen in der Ostsee.

JONNI RITSCHER der Transeste Schiffahrt ist der derzeit größte Skandi-Feeder, der in Hamburg zu sehen ist, ein Frachter des Sietas-Typs 170b mit 1.853 Containerstellplätzen. Aktuell fährt er im Dienst der CMA CGM nach Russland. Platz zwei belegt die niederländische RIJNBORG mit 1.712 Stellplätzen im selben Liniendienst.

Im wahrsten Sinne des Wortes optisch hervorstechend sind die Schiffe der Reederei Rudolf Schepers. Jedes Schiff ist in ganz eigener Sonderfarbe bemalt, ob nun CHRISTOPHER und MARGARETHA in Grüntönen, FREDERIK in Rot oder AURORA in Blau. Am auffälligsten aber leuchtet die BORUSSIA DORTMUND mit grellgelbem Deck und schwarzem Rumpf in den Farben des Fußballvereins.

Viele Feederschiffe in Hamburg muten ähnlich an. Der Schein trügt nicht, da es sich häufig um Schwesterschiffe oder Schiffe von derselben Werft handelt. Für die Sietas-Werft aus Hamburg-Neuenfelde stehen die markanten seitlichen Schornsteine und die offenen Laderäume, aus denen die Containerstapel herausragen wie aus einer vollen Schachtel.

Bei den Schiffen der Peene-Werft aus Wolgast fallen die markanten Laschgänge ins Auge, die ein hohes Stapeln an Bord erlauben.

Bei den Schiffen der ehemaligen Schichau Seebeckwerft in Bremerhaven ist der markante spitze Bug typisch.

Die bisher größte Serie in diesem Segment umfasst 113 Schiffe. Sie wurde in Cuxhaven entwickelt und auf rumänischen, türkischen und schließlich zahlreichen chinesischen Werften gebaut. Ab Hamburg ist mit der MITO STRAIT lediglich ein Schiff dieser Familie vertreten, denn es verfügt mit 19,6 Knoten über eine außergewöhnlich hohe Dienstgeschwindigkeit, die auf weiten innerasiatischen Routen mehr gefragt ist als auf den kurzen europäischen Distanzen.

BORUSSIA DORTMUND die Auffälligste

MITO STRAIT die Schnellste

CMA CGM THALASSA und **NORDIC HAMBURG** am Burchardkai; **CSCL VENUS** und **GEORG MÆRSK** am Eurogate, Containerprahme rangieren

Containerlinien und Konsortien

Gemeinsam stärker

Es gab Zeiten, da konnte man anhand des Reederei-Schriftzugs an der Bordwand, vor allem bei den Containerschiffen, erkennen, welchen Liniendienst das Schiff fuhr. Die Kennzeichnungen sind zwar geblieben, und alle Schiffe einer Reederei sollen möglichst eine ähnliche Optik haben, doch den Liniendienst kann man dadurch nicht mehr automatisch erkennen. Denn durch die zunehmende Fusionierung fahren heute ganz verschiedene Reedereien gemeinsame Linien. So gibt man den Kunden die Möglichkeit, fast täglich auf der Hauptroute zwischen Europa und Asien Container disponieren zu können. Allein schafft das nicht einmal die weltgrößte Reederei, die Mærsk Line aus Dänemark. Mærsk bietet deshalb mit MSC (Mediterranean Shipping Company), dem Mitbewerber aus der Schweiz, immerhin selbst auf Platz zwei des Rankings, gemeinsame Dienste an. Gegen den Plan, in einer sogenannten P3-Allianz auch noch die drittgrößte Containerreederei, CMA CGM in Frankreich (aus Compagnie Maritime d'Affrètement und Compagnie Générale Maritime entstanden), miteinzubeziehen, wurde von chinesischer Seite interveniert. Aus kartellrechtlichen Gründen, so wurde verlautet. Denn die zwei großen chinesischen Reedereien hätten damit zu übermächtige Konkurrenz bekommen. Die CSCL (China Shipping Container Line) hätte mit der P3-Allianz auch den eigenen Partner verloren, kooperiert sie doch selbst mit der CMA CGM. Beide haben sich zusammen mit der UASC (United Arab Shipping Company) mit Hauptsitz in Dubai zum O3 (Ocean-Three-Kon-

Wer kooperiert mit wem

(gelistet nach
Gesamtzahl an gemeinsamen
Containerstellplätzen):

2M
G6
CKYHE
O3

2M = Mærsk – MSC

sortium) formiert. Die andere staatliche chinesische Reederei, COSCO (Chinese Ocean Shipping Company), hingegen hat sich als CKYHE Alliance mit der japanischen »K« Line (Kawasaki Kisen Kaisha), der taiwanesischen Yang Ming, der südkoreanischen Reederei Hanjin Shipping und der ebenfalls taiwanesischen Reederei Evergreen Line auf gemeinsame Dienste geeinigt. Der vierte große Zusammenschluss namens G6-Alliance ist aus einem Verbund zweier Reederei-Allianzen entstanden: Unter der Grand Alliance kooperierten bereits Hapag-Lloyd, OOCL (Orient Overseas Container Line) aus Hongkong und NYK Line (Nippon Yusen Kaisha) aus Tokio und als New World Alliance APL (American President Line) aus Singapur, MOL (Mitsui O.S.K. Lines) aus Japan und Hyundai Merchant Marine aus Südkorea.

Außer von der 2M werden in Hamburg auf dem Weg nach Asien jeweils die größten Schiffe der Reedereien abgefertigt. Anders gesagt: Von allen Reedereien außer Mærsk und MSC sieht man in Hamburg die Flaggschiffe.

CKYHE = COSCO – »K« Line – Yang Ming – Hanjin – Evergreen

G6 = APL – Hapag-Lloyd – Hyundai – MOL – NYK – OOCL

MSC hat ihren Hauptsitz in Genf, Mærsk Line in Kopenhagen, Hanjin in Seoul. In Hamburg haben sowohl Hapag-Lloyd als auch Hamburg Süd ihre Zentrale. Damit zählt Hamburg wie Tokio und Kaohsiung zu den einzigen Hafenstädten weltweit, in denen zwei oder mehr große Linienreedereien ihren Hauptsitz haben.

Was wohl jeder ahnt: Je größer die Containerschiffe werden, desto weniger von ihnen kommen pro Tag in die Häfen. Während die Zahl der Anläufe von Containerschiffen in den letzten Jahrzehnten deutlich zurückging, ist die Ladungskapazität der weltweiten Containerflotte deutlich gewachsen. Nimmt man darüber hinaus die Gesamtzahl der verschiedenen Handelsschiffe, die jährlich von irgendwo auf den Weltmeeren aus Hamburg ansteuern, hält diese sich seit vielen Jahren relativ beständig zwischen 2.500 und 3.000 Schiffen. Da heute deutlich größere Schiffe unterwegs sind, ist dies ein markantes Indiz für eine neue Dimension des Hafenumschlags pro Jahr, der 2003 100.000 Tonnen überschritt und heute weit jenseits dieser Marke liegt.

O3 = CMA CGM – CSCL – UASC

Containerschiffe und ihre Namen
Welches Schiff gehört zu wem?

Die chilenische CSAV (Compañía Sudamericana de Vapores) ist die letzte Reederei, die individuelle Namen vergibt, wie MAULE, PALENA oder PUCON. Bei den gemieteten Schiffen, maritim sagt man schlicht: gechartert,

XIN **deutet auf eigene Schiffe der CSCL hin**

benutzt auch diese Reederei bereits, wie sonst üblich, feste Namensmuster mit dem entsprechenden Reederei-Kürzel. Mærsk-Schiffe tragen auch MÆRSK im Namen, ebenso die Schiffe von APL, CMA CGM, COSCO, HANJIN, HYUNDAI, MOL, MSC, NYK, OOCL. Evergreen und Yang Ming Line verwenden die Kürzel EVER bzw. YM. Bei Hapag-Lloyd endet der Name auf EXPRESS, bei der japanischen »K« Line auf BRIDGE, bei der chinesischen CSCL beginnen die Schiffe mit XIN (chinesisch für »Schiff«), Hamburg Süd spielt nach wie vor am virtuosesten mit CAP, CAP SAN, MONTE, RIO oder SANTA.

Der Insider kann bei einigen Reedereien am Namen erkennen, ob das Schiff der Reederei gehört, sie also den Bau finanziert hat, oder ob es gechartert ist. Bei MÆRSK ist die Regel so: Wenn der zweite Teil MÆRSK heißt, wie bei EMMA MÆRSK, dann ist es ein eigenes Schiff, beginnt der Name aber mit MÆRSK, dann ist es gechartert. Aber wie überall bestätigen Ausnahmen die Regel: Das bis vor kurzem noch größte Containerschiff der Welt, MÆRSK-McKINNEY MØLLER, gehört natürlich auch der Reederei, aber MØLLER-Schiffe haben bei Mærsk Sonderstatus, weil sie die Eignerfamilie repräsentieren.

Bei MSC deuteten weibliche Vornamen schon immer auf die eigenen Schiffe hin. Doch nach 45 Jahren Reedereigeschichte sind nun auch mal die Männer dran: MSC OSCAR und MSC OLIVER waren zum Zeitpunkt der Taufe sogar jeweils die größten Containerschiffe der Welt. Im Gegensatz zu Vornamen stehen Städtenamen nach MSC garantiert für gecharterte Schiffe.

Bei CSCL (China Shipping Container Lines) sind XIN-benamte Schiffe eigene, und lange stand das Kürzel CSCL, wie bei der CSCL SHANGHAI, für gecharterte Schiffe. Erst ab der CSCL-STAR-Klasse, also ab Baujahr

2011, wie auch der CSCL-GLOBE-Klasse stehen Schiffsnamen mit CSCL für eigene Schiffe der Reederei.

Oft spielen die ersten Buchstaben des Zweitnamens eine Rolle, wie bei EVERGREEN, MOL oder YANG MING. Bei gleichem Buchstaben gehören sie zur selben Schiffsklasse. Auch MÆRSK-Namen unterziehen sich weitestgehend diesem Prinzip. Es gibt eine »M-Klasse«, die die größten Mærsk-Schiffe repräsentiert, gefolgt von der »E-Klasse«, wie EMMA MÆRSK, eine »G-Klasse«, eine »S-Klasse«, eine »K-Klasse« sowie eine »L-Klasse«.

Städtenamen bei MSC wie bei MSC ME-THONI deuten auf Charterschiffe hin

Langfristig gecharterte Schiffe, also für drei, fünf oder zehn Jahre, sind zudem wie Reederei-eigene Schiffe bemalt, sehen auf den ersten Blick aus, als würden sie der Linienreederei gehören. Nur ein kleines Signet am Deckshaus deutet dann auf den Schiffseigner hin; die Reederei, die für den Bau und den technischen Betrieb des Schiffes verantwortlich zeichnet. Ein rotes C auf gelbem Grund beispielsweise steht für Costamare aus Griechenland, ER für E.R. Schiffahrt, PD für Peter Döhle, ein weißes Hanseatenkreuz auf blauem Grund für Claus-Peter Offen, alle drei aus Hamburg, die Anmutung eines roten W für Seaspan aus Kanada. Ein Z frontal auf dem Deckshaus offenbart die israelisch-britische Zodiac Maritime. Griechische Buchstaben am Heck sind ebenso ein eindeutiges Indiz, dass es sich bei einigen HANJIN- oder Hapag-Lloyd-Schiffen nicht um südkoreanische oder deutsche, sondern um griechische Schiffe handelt, die in Charter fahren.

Letztlich aber erkennt man die großen Reedereien fast alle an den Riesenbuchstaben auf der Bordwand der Schiffe, in einer Schriftgröße, die weltweit ihresgleichen sucht: eine Werbefläche, die bis zu 400 Meter lang und 15 Meter hoch ist, auf der über 10 Meter hohe Lettern prangen.

Die zuvor erwähnten Konsortien, für die das jeweilige Schiff gerade in Linie fährt, lassen sich allerdings weder an Rumpf, Deckshaus noch Flaggen erkennen, aber an den Containern, die sich an Deck befinden. Da sind die beteiligten Parteien mit ihren jeweiligen Aufschriften zu sehen.

Massengutfrachter
Immer noch das Herz der Schifffahrt

Im Rausch des Containertransports der letzten Jahre und Jahrzehnte konnte man vergessen, wo die Basis der alltäglichen Schifffahrt immer noch liegt. Nicht die in den Containern versteckten Technik- und andere fertige Produkte sind das Gros der Ladungen. Vielmehr sind dies immer noch Rohstoffe, in großen Mengen für industrielle Produktion und Energiegewinnung oder Grundstoffe für Nahrungsmittel, ebenso Futter und Dünger. Diese sind auf unserem Planeten äußerst ungleichmäßig verteilt und fordern deshalb den Transport über große Distanzen. Erz, Kohle, Öl und Gas gibt es nur an vergleichsweise wenigen Orten der Erde. Von dort müssen diese Schätze in aller Herren Länder transportiert werden. Hier kommt die Schifffahrt ins Spiel, schon immer. Schiffe bringen Lebensmittel von des einen Landes Sommer in des anderen Winter. Schiffe versorgen die Wüstennationen mit Millionen Tonnen von Getreide, bringen Spezialsaaten rund um die Welt, um unsere komplexen Nahrungsmittel generieren zu können. Sie bringen Kohle und Erz in die Industrieländer. Sie bringen das Öl zu uns, aus dem wir noch immer einen großen Teil unserer Produkte generieren, sei es nun Benzin oder Aspirin. Der Anteil der 5.000 Containerschiffe stellt lediglich 13 Prozent der Tragfähigkeit der Welthandelsflotte dar. Die Trockenfrachter für Schüttgut, genannt Bulker,

Massengutfrachterparade mit Feeder: YU XIANG HAI, THALASSINI, WU ZHU HAI, SHANDONG HAI WANG **und** NORDIC PHILIP

liegen mit 44 Prozent auf Platz eins vor den Schiffen für flüssige Ladung, genannt Tanker, die es auf 36 Prozent bringen, wovon die Rohöltanker mit 24 Prozent den Löwenanteil halten. Dies sind theoretische Transportkapazitäten, wirklich transportiert wird natürlich sehr viel weniger. Würde man berechnen, was wirklich bewegt wird, würden sich die Zahlen zugunsten der Containerschiffe verschieben. Nur sie sind zumeist in Liniendienste eingebunden und fahren viel schneller; Tanker und vor allem Bulker warten oft lange Zeit und sind langsamer unterwegs. Mit anderen Worten: Dem schnellen Containerkarussell steht ein langsamerer, aber größerer Transportstrom von flüssigen und trockenen sowie Massengütern gegenüber.

Ein Frachter für trockenes Massengut, Schüttgutfrachter oder eben Bulker genannt, bietet vielleicht nicht viel mehr als den Charme einer gigantischen Schubkarre, doch verbergen sich hinter diesem Schiffstyp manchmal die spannendsten und ursprünglichsten Reisen. Oft unscheinbar in Schwarz oder Grau angemalt (nur die Hamburg-Süd-Schiffe stechen mit ihrem knalligen Rot heraus), stehen sie doch für einen der wichtigsten Aspekte der Schifffahrt überhaupt. Während man das Containerschiff als Element eines extrem gemischten Warenstroms verstehen kann, steht der Massengutfrachter für die pure Reise von A nach B mit zumeist einer einzigen Fracht an Bord.

Massengutfrachter oder Bulker kommen nach Hamburg mit Eisenerz aus Svea auf Spitzbergen, Narvik in Norwegen, Port-Cartier in Kanada, Tubarão in Brasilien oder Saldanha Bay in Südafrika. Sie bringen Kohle aus Danzig, Riga, Ventspils oder Murmansk, von noch weiter her aus Davant, Mobile, New Orleans in den USA oder Roberts Bank in Kanada. Wenn sie leer kommen und der Bug oftmals weit herausragt, dann holen sie hier Getreide für Algerien oder den arabischen Raum, fahren Kali nach Brasilien oder Indien und Schrott zur Verhüttung nach Iskenderun in die Türkei. Hierher kommt der Schrott mit kleineren Schiffen aus dem Binnenland oder aus Dänemark. Einen Teil davon benötigt ein hiesiges Stahlwerk für hochfesten Walzdraht, produziert für die Verwendung in den Betonbauten in aller Welt. Die Drahtrollen sind wiederum Exportgut von Hamburg aus, vor allem nach West- und Südeuropa.

Bei Massengutfrachtern zählt die Ladung, nicht der feste Linienverkehr. Oft müssen Bulker auf See warten und warten – bis klar ist, wo die nächste Ladung zu holen ist und welche. Vor den wichtigen Rohstoffhäfen liegen sie schon mal wochenlang auf Reede, um dann irgendwann abgerufen zu werden. Das ist klassische Trampschifffahrt. Oft machen sie einmalige Reisen mit meistens nur einer Fracht, Erz oder Kohle, Holz, gern randvoll, wie Schiff und Zielhafen es zulassen. Beim Eisenerzimport für das Stahlwerk Salzgitter via Hamburg wird oft eine so große Partie geordert, dass es mehrerer großer Schiffe bedarf, die sich dann am Löschterminal Hansaport wie in einer Reihe ablösen. Während der eine aber das Erz aus Narvik bringt, kommt der andere vielleicht aus dem brasilianischen Tubarão, dem größten Erzhafen der Welt.

Der Schiffstyp Massengutfrachter steht bis heute für die ursprünglichste und einfachste Art von Schiff, für den Lastkahn, das schwimmende Be-

GREAT CHALLENGER Capesizefrachter (9 Luken) mit Erz zum Hansaport

CAVALIERE GRAZIA BOTTIGLIERI Capesizefrachter leer im Köhlbrand

hältnis, um eine Menge von Dingen zu transportieren, für einen einfachen Raum ohne spezielle Anforderungen. Es gibt ihn in den verschiedensten Größen. An Deck befinden sich weder Container noch Rohrleitungen. Stattdessen sind einzelne Luken auszumachen. Mittlere Größen sind mit eigenen Kränen in Fahrt, deren Greiferschaufeln für lose Ladung meist gut zu erkennen sind. Die Lukenanzahl gibt rasch Aufschluss über die Größenklasse. Fünf Luken stehen für Handysize, sieben Luken für Panamax, neun Luken für Capesize oder sogar für einen Very Large Bulker Carrier. Von Zwischengrößen und besonderen Typschiffen abgesehen, stehen in der Regel fünf Luken, zumeist mit Kränen, für 200 Meter Länge bei bis zu 32,20 Meter Breite und 50.000 Tonnen Tragfähigkeit. Sieben Luken stehen für 225 Meter Länge bei 32,20 Meter Breite und 75.000 Tonnen. Neun Luken für 290 Meter Länge bei 45 Meter Breite, manchmal sogar für 300 Meter Länge bei 50 Meter Breite. Diese extremen Breiten lassen sich gut an den weit ausladenden Brückennocks erkennen.

Einen Massengutfrachter in Hamburg zu sehen ist allemal etwas Besonderes, denn die meisten kommen in ihrem Schiffsleben nur ein einziges Mal hierher. Es gibt für diese Tramptransporte zu viele wartende Kandidaten, so dass es ein Schiff selten zweimal in die Hansestadt verschlägt. Ausnahmen in Hamburg sind die Schiffe, deren Namen mit SANTA beginnen. Sie fahren, in Charter, mehrere Reisen mit Kali Richtung Brasilien, bis sie von neueren Modellen abgelöst werden. Diese modernen Bulker mit vier Kränen gehören zur Zwischengröße Supramax, deren aktuelle Vertreter wie SANTA URSULA, SANTA BARBARA und SANTA VITORIA

SANTA THERESA für Hamburg Süd nach Brasilien

SANTA VITORIA (Supramax) kommt
MIHO PRACAT (Panamax) geht

bei 200 Meter Länge über 60.000 Tonnen Last tragen können. Bei diesen Schiffen fällt auf, dass das Bugprofil gerade ins Wasser läuft, ohne den sonst bekannten Bugwulst. Mit einem Minimum an Rundung im Vorschiff erreichen die Schiffe schnell ihre Maximalbreite und ihre außergewöhnliche Ladefähigkeit. Ein Sieg der Zweckmäßigkeit über die Ästhetik. Gerade bei diesen schlichten Schiffen geht der Trend zu größerer Standardisierung. Gab es noch vor zwei Jahrzehnten viele dieser Schiffe in nur zwei, drei Exemplaren, läuft heute so ein Massengutfrachter selten ohne 20, 30 Schwesterschiffe vom Stapel. Der aktuelle Rekord hierzu kommt aus China. Die Schiffe des Typs Dolphin 57 wurden seit 2005 in weit über 400 Exemplaren gebaut. Gemessen an der abgelieferten Tonnage stellt dies das größte Neubauprogramm der Schifffahrtsgeschichte dar und übertrifft damit noch das amerikanische Liberty-Schiffsprogramm aus dem Zweiten Weltkrieg, das aber hinsichtlich der Zahl den Allzeitrekord halten wird, 2.710 Schiffen waren es ingesamt.

Nach Hamburg kommen Massengutfrachter mit Kränen in der Regel leer, um Schrott oder Kali zu holen. Massengutfrachter ohne Kräne kommen leer, um Getreide zu laden. Kommen sie vollbeladen an und haben sieben Luken, so haben sie Kohle, Ölsaaten oder eine kleine Ladung Erz im Bauch. Die Liegeplätze sind direkt neben der Köhlbrandbrücke, am neuen Moorburger Kraftwerk, am Stahlwerk in Finkenwerder oder am Kraftwerk Wedel. Ein Massengutfrachter mit neun Luken ist halbvoll beladen und hat garantiert Erz geladen, bestimmt für das Hansaport-Terminal in Altenwerder. Dort ist die Königsloge des Hafens. Es ist der Platz mit dem meisten Tiefgang und bis heute der Ort für die schwersten Schiffe in Hamburg, wenn auch nicht mehr für die größten. Getreidefrachter liegen an den Getreidespeichern in der Rethe.

Alle drei Wochen kann man auch einen speziellen Selbstentlade-Massengutfrachter beobachten. Sie kommen mit Granit aus dem schottischen Glensanda. Dort befindet sich der größte Steinbruch Europas, genannt Super Quarry. Seit 1986 werden dort mit jeder Sprengladung ca. 80.000 Tonnen Gestein gelöst, mit fortschrittlichster Fördertechnik direkt bis zum Schiff transportiert und mit 6.000 Tonnen pro Stunde verladen. YEOMAN BANK, 1982 in Griechenland gebaut und später mit einer Selbstentladeeinrichtung ausgestattet, ist der Dino unter den Massengutfrachtern in Hamburg. In der Regel werden viele Schiffe dieses Typs nicht halb so alt.

YEOMAN BANK Oldtimer mit Selbstentladeeinrichtung aus Glensanda

Außer bei den Frachtern in Hamburg-Süd-Charter gibt es weitere Reedereien, deren Schiffe in Hamburg regelmäßig zu sehen sind, allerdings hat die Regelmäßigkeit manchmal sehr lange Intervalle, manche Wiederkehr kann Jahre dauern. Aber irgendwann kommen sie wieder: die Bulk-Schiffe der griechischen Aegean Bulk oder Marmaras Navigation, der japanischen NYK, MOL, der Hamburger Orion Bulkers, Blumenthal oder Neu Seeschifffahrt.

Ein neuer Entladeort der Bulker ist das frisch eröffnete Steinkohle-Kraftwerk in Moorburg hinter der Kattwykbrücke. Drei Tage brauchen die Kohlefrachter dort zum Entladen. Während die Elbphilharmonie als Großbaustelle in aller Munde und von immer höheren Kosten die Rede ist, wurde parallel an der Süderelbe wohl mehr als das Dreieinhalbfache verbaut: 2,8 Milliarden Euro. Im Gegensatz zu dem vorher dort stehenden Ölkraftwerk bringt es der Schifffahrt neue Anläufe für Kohlefrachter. Auch durch die Abgasreinigung entstehender Gips, Nass- und Trockenasche sowie Ammoniakwasser werden per Schiff abgefahren. Beim Futtermittelhändler HaBeMa am südlichen Reiherstieg werden Sojaschrot aus Südamerika und Palmexpeller (Pressrückstände bei der Palmölgewinnung) aus Südostasien gelöscht, und es wird auch Exportgetreide verladen.

Auch wenn nur jeden Tag etwa ein Massengutfrachter nach Hamburg kommt, kann man die Schiffe in der Regel ein paar Tage lang bestaunen. Die großen Erzfrachter am Hansaport Terminal brauchen mindestens 48 Stunden, bis sie Hamburg wieder verlassen. Kohlefrachter liegen hier zwei bis drei Tage am Kai, Ölsaaten am Neuhof zu löschen dauert vier Tage und Getreide in der Rethe zu laden manchmal fünf Tage und mehr.

 # Mehrzwecklinienfrachter
Mit Kränen auf Linienfahrt

Die großen Mehrzweckfrachter stehen heute für ein langes Kapitel der Linienschifffahrt. Über Jahrhunderte wurden die Waren einzeln an Bord getragen oder gehievt, in Säcken, Kisten oder auf Paletten. Trotz üppigem Bordgeschirr oder zahlreichen Kränen am Kai dauerte dies mehrere Tage. Es waren die Zeiten, von denen manche Seeleute schwärmen, weil es noch Zeit für ausgiebigen Landgang gab.

Bei modernen Mehrzweckfrachtern befindet sich die Ladekräne oft seitlich. Das Deck bildet eine Fläche, so können große sperrige Aggregate wie Kessel, Industrieaggregate oder gar Raketenteile an Bord transportiert werden. Die großen Mehrzweckfrachter von heute verfügen über wenige leistungsstarke Kräne, die 300 Tonnen und mehr heben können. Die größten Schiffe dieser Art, die man in Hamburg zu sehen bekommt, fahren mit acht Bordkränen und einer Ladefähigkeit von 37.000 Tonnen für die Reederei MACS Maritime nach Südafrika, deren Schiffe mit einem Nashorn an der Bordwand grüßen.

Auf den traditionsreichsten der Liniendienste dieser Schiffsart ab Hamburg kann die Rickmers Reederei zurückblicken. Bis ins Jahr 1896 reichen die Fahrpläne zurück, jenem Jahr, in dem das Museumsschiff **RICKMER RICKMERS** in Bremerhaven vom Stapel lief. Die grün-rot-weißen Helgoländer Farben von Rickmers sind an den St.-Pauli-Landungsbrücken und auf allen Weltmeeren nach wie vor präsent. Seit 2003 betreibt Rickmers nicht nur eine Ostasienverbindung, sondern

VERA beim SWT-Terminal vor der HafenCity

auch eine komplette Weltreise im Liniendienst. In 125 Tagen fahren die Schiffe einmal um den Globus. Zehn Schiffe wie die RICKMERS DALIAN verbinden 16 Häfen, von Hamburg geht es 14tägig gen Osten, nach Singapur, Schanghai und Yokohama, dann weiter bis nach Houston. Ebenso fest gehören die Schiffe der Chinese-Polish Joint Stock Shipping Company ins Bild des Hamburger Hafens, sie fahren immerhin schon seit 1951. Mit 14 Schiffen betreibt die Chipolbrok aktuell den größten Liniendienst in diesem Bereich ab Hamburg.

Alles in allem laufen fünf große Linienfrachter Hamburg pro Monat an, machen an den 63er Schuppen gegenüber der Elbphilharmonie, im Oderhafen und im südlichen Reiherstieg fest. Je nach Ladung können auch heute noch bis zu vier oder fünf Hafentage vergehen, bis die gesamte Ladung gelöscht und verstaut ist. Denn die Ladungssicherung und -entsicherung ist immer noch individuelle Handarbeit.

Außergewöhnlich sind die Frachter der japanischen NYK-Hinode Line, wie zum Beispiel die KUROBE, die alle sechs Wochen nach Hamburg kommen. Neben Ladekränen verfügen diese Schiffe auch über eine Rampe für rollende Ladung am Heck. Stückgutliniendienste gibt es auch noch mit kleineren Schiffen und einem verzweigteren Fahrplan in den arabischen Raum, nach Westafrika sowie Nord- und Südamerika. Hierbei sind die braunen GRACHT-Schiffe der Reederei Spliethoff aus Amsterdam sowie die blauen Frachter der BBC Chartering & Logistic (vormals Briese-Bischoff-Chartering) aus dem friesischen Leer führend. Letztere bietet 16 unabhängige Liniendienste mit einer Flotte von 120 Schiffen an. Die BSLE-Schiffe der Reederei Bogazzi & Figli aus dem italienischen Marina di Carrara fahren regelmäßig nach Indien. Zwei russische Reedereien bieten seit vielen Jahren regelmäßige Abfahrten in den hohen Norden. Archangelsk wird von der Northern Shipping Company angelaufen. Norilsk Nickel bedient mit ihren in Wismar gebauten ARCTIC-EXPRESS-Frachtern Norilsk. Diese Schiffe verfügen über einen drehbaren Azipod-Antrieb und können dadurch auch in Rückwärtsfahrt bis zu 1,50 Meter dickes Eis durchbrechen.

Ein anderer besonderer Linienfrachter kommt jedes Wochenende, und das schon seit 1998, von ein paar Unterbrechungen abgesehen. Die LYSVIK SEAWAYS verfügt über eine Seitenpforte und einen Fahrstuhl, um schwere Papierpaletten schnell und komfortabel laden und löschen zu können.

Arctic-Express-Frachter ZAPOLYARNYY
Kurs Norilsk im Eis auf der Elbe

Mehrzweckfrachter
Ohne Kräne

Ohne Linienfahrplan fahren zumeist auch Mehrzweckfrachter ohne Kräne. Was die Massengutfrachter im Großen bedeuten, im Welthandel, das stellen diese Schiffe in der europäischen und Küstenschifffahrt dar.

WILSON CADIZ fährt für die norwegische Wilson

EEBORG fährt für die niederländische Wagenborg

In Hamburg dominieren die beiden W-Reedereien in dieser Schifffahrtskategorie: Wilson und Wagenborg. Wilson aus Bergen entstand 1993 durch Fusion von Paal Wilson und Jebsens, zweier traditionsreicher norwegischer Reedereien, und hält über 100 Frachter in Fahrt. Ihre sechs Buchstaben sind auf blauen Rümpfen zu sehen. Die neun großen Buchstaben von Wagenborg stehen auf grau-roten Rümpfen. Die gleichnamige Reederei aus Delfzijl in den Niederlanden betreibt mittlerweile 180 Schiffe mit bis zu 23.000 Tonnen Tragfähigkeit. Wagenborg ist auch im Offshore-Bereich und in der Schleppschifffahrt tätig.

Viele Jahre bestimmten lange, schwarze, flache Frachter mit russischen Namen das alltägliche Bild im Hamburger Hafen: die VOLGO-BALT, BALTIYSKIY oder SIBIRS-KIY-Frachter. Sie wurden gebaut, um sowohl an den europäischen Küsten als auch auf russischen Flüssen gleichermaßen fahren zu können. Für das russische Wasserstraßennetz spielt die Wolga eine Schlüsselrolle. Über sie ergibt sich für diese Schiffe die Möglichkeit, Europa auf dem Wasserweg zu umrunden: via Ost- und Nordsee, über das Mittelmeer, durch den Bosporus, schließlich über die Wolga und den 1964 angelegten Wolga-Ostsee-Wasserweg. Heute sind in Hamburg nur noch die Schiffe des Typs SORMOVSKIY zu sehen. Statt individueller Namen tragen sie zur Typbezeichnung eine Ziffer.

FRI…, HAV…, G… und P… sind weitere wichtige Buchstaben bei den kleinen Mehrzweckfrachtern. Dahinter verbergen sich fast 20 Schiffe der Reederei Kopervik, wie die **FRI OCEAN**, die zwei Dutzend Schiffe der Bulkship Management aus Oslo, wie **HAV DOLPHIN**, und die Flotte der Reederei Geerdes aus Haren/Ems, zum Beispiel **CAROLIN G**. Der Buchstabe »P« steht allerdings gleich für zwei Reedereien. Sind die Schiffe grün, dann gehören sie zur Hamburger Reederei Interscan, wie die **PHAN-TOM**, sind sie blau und steht ein »W« am Schornstein, verbirgt sich die Reederei Wessels dahinter, wie bei der **PERU**. Wessels betreibt über 40 Schiffe, die nicht alle mit »P« beginnen. Sie war die erste Reederei, die 2007 das innovative Zugdrachensegelsystem SkySails auf einem Schiff installierte. Bis heute wird das System auf der **THESEUS** eingesetzt. Der Teleskoparm auf dem Vorschiff weist darauf hin.

CAROLIN G **fährt für die Reederei Geerdes aus Haren/Ems**

Einen ganz eigenen grünen Farbtupfer bringen die Schiffe der irischen Reederei Arklow Shipping. Seit 1966 ist die heute 45 Schiffe umfassende Flotte regelmäßiger Gast auf der Elbe.

Die Schiffe dieser Größenklasse bringen beispielsweise Naturstein wie Lysit aus Norwegen und gehen in den Seehafen 1 in Harburg. Von der Rethe wird Kali ins irische Cork genauso wie nach Norwegen, Frankreich oder Spanien verschifft.

Von der Ölmühle unter der Köhlbrandbrücke geht es nicht nur in den Norden, wie nach Dänemark

ARKLOW ROSE **fährt für Arklow Shipping nach Irland**

oder Finnland, sondern auch in den Süden, nach Frankreich, Spanien und Italien.

Während von den mittelgroßen Mehrzweckfrachtern mit Kränen höchstens vier pro Woche nach Hamburg kommen, sind es von den kleinen ohne Kräne tagtäglich vier.

Brücke der DIDE anno 1901

Küstenmotorschiffe

Die Lokalversorger

Ein Hauch von Romantik klingt mit, wenn alteingesessene Küstenbewohner das Wort KüMo (abgekürzt für: Küstenmotorschiff) verwenden. Das KüMo ist ein nordwestdeutscher Lokalbegriff und stammt aus der hiesigen Nachkriegsentwicklung. Große Flotten mit Welthandelsanspruch waren nicht mehr an der Tagesordnung. Es begann neu mit kleinen Schiffen in der Küstenfahrt, auf denen der Kapitän zugleich auch Eigner war. Die Schiffe wurden zumeist vor Ort gebaut und das neue Eigentum außerordentlich gut gepflegt. So erreichten einige dieser KüMos ein vergleichsweise hohes Alter.

MERIDIAN letztes deutsches KüMo im Alltagseinsatz ab Hamburg

Die Versorgung der kleineren Küstenstädte in Norddeutschland – von Hamburg sind es insbesondere Husum, Büsum, Wyk auf Föhr oder Burg auf Fehmarn – erfolgt zum Teil noch mit Veteranen dieses Schiffstyps, diese werden aber mehr und mehr von moderneren Mehrzweckfrachtern wie KARINA W oder MAUREEN S. abgelöst. Kapitänseignerschiffe gibt es aber bis heute, beispielsweise ELVI KULL.

STEENBORG und DIDE Wie in vergangenen Tagen, seltene KüMo-Begegnung

Bis vor kurzem war noch der Methusalem der deutschen Küste in Handelsdiensten unterwegs. Das KüMo namens DIDE wurde 1901 in Holland gebaut und kam bis 2011 regelmäßig nach Hamburg. Jetzt hat es einen festen Platz in Wischhafen, der heimlichen KüMo-Hauptstadt Deutschlands. Dort befindet sich ein spezielles Museum, und es gibt Treffen der letzten Schiffe dieser Art.

Doch die Zeit der KüMos läuft aus. Drei der sieben KüMos, die noch 2014 nach Hamburg kamen, haben sich kurz danach endgültig verabschiedet. Die HOGELAND, Baujahr 1950, zweitältestes Seeschiff im kommerziellen Einsatz ab Hamburg, verabschiedete sich Weihnachten 2014 nach Guayana und traf dort mit STEENBORG eine alte Bekannte von der Elbe wieder. MERIDIAN ist das letzte deutsche KüMo ab Hamburg. Die BJÖRN M. zur Versorgung der Insel Helgoland, mit Baujahr 1955 das nunmehr älteste deutsche KüMo, fährt quasi nicht mehr nach Hamburg, nur noch ab Wischhafen.

FAXBORG und SATURN, 1968 und 1966 gebaut, sind die letzten der mehreren dänischen KüMos, die die dänischen Küstenstädte direkt mit Hamburg verbinden. Oftmals kamen die dänischen Schiffe dieses Typs in der Nationalfarbe Rot, so wie bis heute die SATURN. FAXBORG aber ist

blau und trägt die Flagge des afrikanischen Staates Togo. Auffällig laut tuckert sie über die Elbe und wird wohl noch einige Touren in Richtung des nördlichen Nachbarn machen.

TANAIS ist das letzte KüMo im regelmäßigen Dienst. Gebaut wurde sie 1967. Das 45 Meter lange, eher unscheinbare Schiff bietet seit 2006 einen Liniendienst ins polnische Elblag. GREUNDIEK, Baujahr 1950, kommt nur zu besonderen Anlässen aus Stade. 1986 wurde sie als Seefahrtsschulschiff in Stade ausgemustert, aber 2001 von einem Museumsschiffverein wieder fahrtüchtig gemacht. JEANNY, der Inselversorger für Fehmarn, Baujahr 1970, ist noch regelmäßig in Hamburg zu sehen, wirkt aber äußerlich eher wie ein Binnenschiff denn wie ein KüMo.

TANAIS im regelmäßigen Dienst nach Polen

GREUNDIEK KüMo-Traditionsschiff aus Stade

CMA CGM MARCO POLO, LONE **und der Frachtsegler** UNDINE

Schwergutfrachter

Die starken Kerle

Mit ihrem weit vorn stehenden Deckshaus und der riesigen Ladefläche dahinter sehen diese Schiffe wie Zugpferde auf dem Wasser aus. Hinter dem Deckshaus sieht man mächtige Kräne, seitlich angeordnet können sie sperrige Ladungen, Industrieanlagen, Yachten und kleine Schiffe an Bord hieven. Jede ihrer Reisen ist eine besondere, sehr selten ist der Zielhafen der selbe. Im Bereich der Schwergut- und Projektschifffahrt sind die Ziele selten Teil fester Liniendienste. Der bislang längste dieser Transporte ging mit Hafenkränen direkt nach Shimonoseki, über 11.000 Seemeilen von Hamburg nach Japan.

In Hamburg führend sind die Schiffe mit SAL an der Bordwand. Das Schiffahrtskontor Altes Land war bis 2011 in Steinkirchen beheimatet und hat alle Schiffe auf der nahe gelegenen Sietas-Werft bauen lassen. Heute befindet sich zwar das operative Büro in Hamburg, aber die Reederei gehört zur japanischen »K« Line mit Sitz in Tokio. Die Schiffe haben jedoch ihr traditionelles Aussehen behalten; vielleicht auch deshalb, weil der graue Rumpfanstrich

SVENJA **Flaggschiff der SAL mit zwei 1.000-Tonnen-Kränen**

bei der »K« Line ebenfalls gebräuchlich ist, wie man ihn auf der Elbe auch bei Containerschiffen, Bulkern und manchmal Autofrachtern kennt. SVENJA und LONE, jeweils mit zwei 1.000-Tonnen-Kränen, sind die kräftigsten der Flotte von 15 Schiffen.

Mit Hansa Heavy Lift gibt es seit 2011 auch eine zweite Reederei dieser Spezialfrachter in Hamburg. Die Reederei besitzt zwar mit 20 Schiffen die größere Flotte, ihre Schiffe kommen aber seltener als die der SAL auf die Elbe.

Aus den Niederlanden kommen ab und zu auch die gelben Biglift-Schiffe und die blauen Jumbo-Schiffe, zwar mit weniger Frachtern, aber mit beeindruckenden Kapazitäten: Das Flaggschiff von Biglift, die HAPPY STAR, ist mit einer Bruttoraumzahl von 18.374 der größte Schwergutfrachter, die FAIR-MASTER von Jumbo Shipping führt mit der Hebeleistung ihrer zwei 1.100 Tonnen-Kräne diesbezüglich die Liste an.

Von der weltweit überschaubaren Flotte an Schwergutschiffen macht dennoch mindestens ein- bis zweimal im Monat einer dieser Frachter in Hamburg fest.

Schwergut- und Projektschifffahrt wird allerdings nicht nur von den genannten Spezialschiffen betrieben, sondern häufig auch von den Mehrzwecklinienfrachtern abgewickelt. Auch BBC-, Chipolbrok- oder Rickmers-Frachter verfügen über Kräne für Lasten über 300 Tonnen Gewicht.

700-Tonnen-Kräne des SAL-Frachters REGINE

Kran an Kran an Bord der HAPPY DIAMOND

Aframax-Tanker OVERSEAS SOPHIE am Shell-Kattwyk-Terminal

Die großen Rohöltanker

Ein Hauch von Supertanker

Einen sogenannten Supertanker wird man in Hamburg nicht entdecken können. Der letzte war 1992 hier, und er kam wie alle anderen seines Typs zur Reparatur ins Großdock Elbe 17 von Blohm+Voss. Mit bis zu 440.000 Tonnen Tragfähigkeit sind Tanker bis heute die schwersten Frachtschiffe. Den größten Bulkern fehlen 40.000 Tonnen bis zu dieser Marke.

In Hamburg lassen die Terminals nur eine Abfertigung von Tankern mit theoretisch 150.000 Tonnen Ladung zu. Im Alltag sind es aber eher Schiffe der sogenannten Aframax-Klasse, die meist knapp über 100.000 Tonnen tragen und am Shell-Terminal im Kattwykhafen festmachen. Aframax, kurz für »average freight rate assessment maximal«, wurde 1954 von Shell eingeführt, um Frachtverträge zu standardisieren. Nach Hamburg kommen häufig die weltweit seltenen Shuttle-Tanker – mit einer Einrichtung am Bug, um das Öl direkt von einer Nordseebohrinsel übernehmen zu können.

Shuttle-Tanker NAVION HISPANIA vor Oevelgönne

Chemikalien- und Produktentanker
Die Vielseitigen für Weltreisen und Europakurs

Die Größenklasse Panamax ist bei den Tankern in Hamburg die große Ausnahme. Im Jahr 2014 war mit der **PALAWAN STAR** nur ein einziger hier. Sie sind leicht zu erkennen, weil sie mit 230 Meter Länge sehr gestreckt wirken, weniger kompakt.

Bei den sogenannten handlichen Größen – im Fachjargon Handysize – zeigt sich dagegen eine große Vielfalt an verschiedenen Schiffen. Hier wird zwischen Handymax- und Handysize-Tankern unterschieden. Handymax-Tanker tragen bis zu 50.000 Tonnen, bei bis zu 183 Meter Länge und 32 Meter Breite. 2014 kamen von ihnen 70 verschiedene Schiffe. Mit zwei Abfahrten pro Woche gehören aber auch sie noch zu den Raritäten in Hamburg. Wer behauptet, sie sähen doch alle irgendwie gleich aus, hat ausnahmsweise einmal recht. Serienfrachter koreanischer Werften dominieren. Hyundai Mipo, SPP und STX produzierten binnen weniger Jahre weit über 100 Stück desselben Typs. In den letzten Jahren kamen beispielsweise 50 Schiffe einer Baureihe aus Jinhae, Südkorea, wo die Werft STX ihren Hauptsitz hat. Meist gehen die Schiffe in die Rethe zum Vopak Dupeg Terminal, in den Blumensandhafen zum Tanklager Oiltanking oder nach Harburg zur Cargill-Raffinerie. Damit steuern sie einen der ältesten Hamburger Betriebe dieser Art an die Cargill-Raffinerie wurde 1896 als Hamburger Ölwerke Brinkmann und Mergell (HOBUM) gegründet. Heute importiert sie vor allem Palm-, Raps- oder Kokosnussöl, Stearin und liefert über 300 Basisprodukte, beispielsweise für Margarine, abgepackte Fette, Emulgatoren oder Kerzen.

In der Größenklasse Handysize, die bis zu 40.000 Tonnen tragen können, gibt es die größte Vielfalt an Tankern in Hamburg. Fast 250 verschiedene Schiffe kommen pro Jahr. So macht fast jeden Tag ein neues Schiff dieser Größe in Hamburg fest. Wie die Bulker kommen diese Schiffe selten mehrmals. Diese Tatsache kann eine Vorstellung vermitteln von der Größe der Welthandelsflotte, aber auch davon, dass Hamburg ein Welthafen ist, weil in ihm täglich neue Akteure die Bühne betreten.

Ein Tanker mit bis zu 27,30 Meter Breite bei 37.000 Tonnen Tragfähigkeit wird als Boston Beamer bezeichnet. Name und Breitenein-

Entladungseinrichtung der **BERGSTRAUM**

SEABASS der Tankerklasse 2004 trifft Bunkertanker **FINJA**

schränkung rühren vom ältesten Hafen Nordamerikas her, dem Bostoner Hafen, der nur von Schiffen bis zu dieser Breite zu erreichen ist. Bei dieser Klasse dominiert die Großserie der koreanischen Werft Hyundai Mipo. Über 150 der Boston Beamer wurden dort gebaut; über 100 davon haben Hamburg bereits einen Besuch abgestattet. Diese Schiffe sind mit großem Abstand derjenige Schiffstyp, von dem schon die meisten Schwesternschiffe auf der Elbe waren. Allein 2014 kamen 29 verschiedene Mitglieder dieser Großfamilie, auch sie zumeist nur ein einziges Mal. Die große Ausnahme bildet **BRITISH ESTEEM**, die jährlich zwölfmal ab Hamburg disponiert wurde, zumeist für russisches Öl aus Primorsk. Denselben Ladungsstrom bedienen auch die SEA-Tanker der Bremer German Tanker Shipping. Dieser »Tankerklasse 2004« genannte Schiffstyp wurde mit immerhin zehn Exemplaren in Kiel gebaut. Die Schiffe heißen **SEABASS**, **SEAHAKE** oder **SEASHARK**, und an ihren Deckshäusern prangt als Signet derjenige Fisch, nach dem das jeweilige Schiff benannt wurde. Seit 2000 gehören die Schiffe zu den regelmäßigen Gästen in Hamburg.

In der Größenklasse von 15.000 Tonnen bestimmen Tanker des Serientyps SK 50/54 das Bild, beispielsweise die 13 Schwesterschiffe der norwegischen Reederei Stenersen, wie die **STEN ARNOLD**, oder

BRITISH ESTEEM der häufigste der Boston Beamer von Hyundai Mipo

SK 50/54-Schwestern: PATEA trifft STEN ARNOLD

die sieben baugleichen Schiffe der Bremer Reederei Harren & Partner, wie die PATEA. Seit 1999 kommt fast jede Woche ein Schiff dieses Typs nach Hamburg. Im Gegensatz zu den koreanischen Tankern wurde der in Norwegen entworfene Typ auf elf verschiedenen Werften auf drei Kontinenten gebaut. Alle Schiffe fahren überwiegend in Europa.

Die Tanker der niederländischen Reederei Maritime Performances, so die AIGRAN D, fahren regelmäßig mit Schwefelsäure von Hamburg nach Moa auf Kuba zur dortigen Nickelhütte. Auf der Peute ist mit der Aurubis, bereits 1866 als Norddeutsche Affinerie gegründet, nicht nur der größte Kupferproduzent Europas, sondern auch einer der wichtigsten Exporteure von Schwefelsäure ansässig. 1936 wurde hier die weltweit erste Säuregewinnungsanlage in einer Metallhütte installiert. Die Schwefelsäure aus Hamburg wird weltweit in der Düngemittelbranche benötigt.

Kleine Produktentanker im europäischen Netzwerk tragen bis zu 10.000 Tonnen verschiedener Ladungen. In dieser Größenklasse sind schwarz und vor allem rot bemalte Schiffe in Hamburg häufig vertreten. Die schwarzen sind zumeist STOLT-Tanker des ursprünglich norwegischen Unternehmens Stolt-Nielsen und Teil ihrer weltweit größten Flotte von Chemikalientankern. Bei den roten Schiffen kom-

AIGRAN D mit Schwefelsäure nach Moa auf Kuba

PATRICIA ESSBERGER der Reederei John T. Essberger

STELLA VIRGO der Reederei Theodora

STAR ARUBA der Reederei KOOLE ist der Älteste

men die THERESA-Tanker von Herning Shipping wie die ORA-Tanker der Reederei SIMONSEN aus Dänemark, die TRAUM-Tanker, wie **BERGSTRAUM** der Utkilen- Reederei aus Norwegen und die ESS-BERGER-Tanker der Hamburger Reederei John T. Essberger, zu der auch die DUTCH-Tanker gehören.

In diesem Bereich sind türkische Werften führend. Fast 300 Tanker wurden seit 2000 dort gebaut, allerdings im Gegensatz zu Asien auf 50 verschiedenen Werften. Zwei Drittel dieser Flotte waren auch schon in Hamburg.

Zu den besonderen Gästen zählen die grauen Speiseöltanker der Reederei KOOLE und die blauen Bitumentanker der Reederei Tarbit, deren Schiffe mit der Silbe BIT- beginnen oder STELLA im Namen tragen wie **STELLA VIRGO**.

Während das Bitumen aus dem Harburger Ölhafen verschifft wird, ist das Speiseöl an der Ölmühle unter der Köhlbrandbrücke zu holen.

Der niederländische Speiseöltanker **STAR ARUBA** ist dabei das älteste unter den Tankschiffen. Er ist doppelt geschichtsträchtig: 1972 wurde er, etwas weiter elbauf, in Boizenburg gebaut und ist eines der aktuell ältesten Seeschiffe der Elbewerft und auch einer der letzten Frachter der ehemaligen Deutschen Seereederei Rostock, für die er als **KRÖPELIN** fuhr.

SIRIUS biegt in den Köhlbrand

![icon] # Bunkertanker
Die Schiffstankstellen

Auf dem Wasser geht es anders zu, hier kommen die Tankstellen zum Fahrzeug. Kleine Öltanker dienen zur Versorgung mit Bunkeröl. Aber auch weit über den Hamburger Hafen hinaus versorgen sie ein Netzwerk von Nord- und Ostseehäfen. Cuxhaven ist hierbei ein Dreh- und Angelpunkt. Gleich zwei Mineralölgesellschaften disponieren von dort ihre kleinen Tankschiffe. EBBA 2, FINJA, JANA und SIRIUS sind regelmäßige Gäste, HEIDE kommt am häufigsten nach Hamburg. Aber auch schwedische Öltanker, wie FJORD ONE, kommen hierher.

FJORD ONE mit Bunkeröl Kurs Skandinavien

HEIDE mit Bunkeröl nach Cuxhaven

GRANDE ARGENTINA Kurs Antwerpen

Container-RoRo-Frachter
Schiffe für rollende Ladung

Wegen ihrer knallgelben Farbe und wohl der Vermutung, dass ein monegassisches Fürstengeschlecht dahinterstünde, bleiben Grimaldi-Frachter, wie hier die **GRANDE ARGENTINA**, Hamburg-Besuchern deutlich in Erinnerung. Die Reederei Grimaldi kommt allerdings aus dem süditalienischen Neapel, ohne Beziehung zur gleichnamigen bekannten Familie in Monaco. Sie kann auf eine bis ins Jahr 1348 zurückreichende Familientradition in Sachen Schifffahrt zurückblicken. Die heutige Firma wurde 1947 von vier Grimaldi-Brüdern mit einem Frachtschiff gegründet und betreibt derzeit über 60 Schiffe. Neben Fährdiensten und Kreuzfahrern im Mittelmeer ist sie vor allem führend mit Container-RoRo-Schiffen (RoRo für Roll on Roll off) im Atlantikverkehr. Die Grimaldi-Schiffe verbinden alle vier anliegenden Kontinente miteinander. Hamburg ist ihr Zentralhafen in Nordeuropa. Von hier aus geht die Reise oft via Antwerpen direkt nach Westafrika und weiter nach Südamerika.

Auch die blauen Schiffe der seit 1967 bestehenden ACL (Atlantic Container Line) aus Westfield, New Jersey, gehören zur Grimaldi Group. In diesem Dienst verkehren die mit 30 Jahren ältesten Linienfrachter ab Hamburg.

In Schanghai ist die neue Generation ACL g4 bereits im Bau. Dann kommen mit der **ATLANTIC STAR** und ihren vier Schwestern die weltweit größten Container-RoRo-Frachter regelmäßig nach Hamburg.

Bei 296 Meter Länge mit 37,60 Meter Breite können sie an Deck sowohl 3.800 Container aufnehmen als auch, über eine 460 Tonnen tragende Rampe, mehr als 2.000 rollende Ladungseinheiten im Schiff – vom Pkw bis zu großen Trailern.

Autofrachter
Die schwimmenden Garagen

Autofrachter gehören zu den ungewöhnlichsten und eigenwilligsten schwimmenden Erscheinungen. Kein Wunder, steht hinter diesen Schiffen doch das Konzept eines maximalen schwimmfähigen Raumes mit der Funktionalität einer Garage. Diese Schiffe haben die höchsten Bordwände überhaupt, verfügen über keine Fenster im Rumpfbereich, dafür aber über ein bis zwei große Klappen, die die Brücken für die rollende Ladung zum Schiff bilden. Das Mannschaftslogis befindet sich nicht, wie üblich, aufgestockt in mehreren hohen Etagen, sondern langgezogen auf dem obersten Deck in nur zwei Etagen. Einzig die Brücke ragt etwas heraus.

PHOENIX LEADER der NYK Line

Autofrachter kommen regelmäßig, aber eher selten nach Hamburg. Während sie in Bremerhaven an der Weser jeden Tag dicht an dicht liegen, kommen manchmal zwei pro Woche auf die Elbe, es können aber auch 14 Tage vergehen, bis wieder eines dieser Schiffe zu sehen ist. An Bord rollen hier sowohl Neuwagen mit Ziel arabische Golfstaaten als auch gebrauchte Autos für ein verlängertes Leben in Westafrika oder im Libanon.

DIVINE ACE der Mitsui O.S.K. Lines (MOL)

Die japanischen Reedereien NYK, MOL und »K« Line sind mit ihren

HÖEGH AMERICA im Dienst der Höegh Autoliners am Grasbrook-RoRo-Terminal

Autofrachtern wie auch im Containerdienst in Hamburg vertreten. NYK-Frachter sind am häufigsten und außer am Schriftzug auch am ...LEADER im Namen zu erkennen, wie **PHOENIX LEADER**. MOL kommt ebenso regelmäßig und lässt ihre Namen auf ... ACE enden, wie **DIVINE ACE**.

»K«-Line-Autofrachter sind in Hamburg seltene Gäste, ihre Namen enden passend auf ... HIGHWAY, wie **ATHENS HIGHWAY**. Ausschließlich mit Autofrachtern kommen die Reedereien Hyundai Glovis und Eukor aus Südkorea sowie Höegh aus Norwegen. Höegh zählt seit den 1970er Jahren, damals im Joint Venture Höegh-Ugland Auto Liners (HUAL), zu den Pionieren der RoRo-Schifffahrt.

Die meisten Schiffe dieser Art sind 200 Meter lang, bei einer Breite von 32 Metern und können auf 13 Decks weit über 6.000 Pkw unterbringen. Die größten ihrer Art sind 230 Meter lang und bieten über 7.000 Pkw Platz, sind in Hamburg aber eher selten zu sehen. Neben diesen modernen großen Frachtern fahren auch noch ältere, kleinere Exoten im Dienst der

Abou Merhi Lines. Die Schiffe waren häufig zuvor nur in japanischen Gewässern unterwegs und sind wie die **CITY OF LUTECE** als »Second-Hand-Frachter« nach Europa gekommen. Bei etwas über 100 Meter bietet diese Schiffsgröße Platz für 1.000 Pkw. Von Hamburg aus sind das Gebrauchtwagen, für ein zweites Leben in Afrika oder im Libanon.

Kleiner Exot CITY OF LUTECE für Abou Merhi Lines

Airbus-Spezialfrachter
Flugzeugteile im Bauch

In Hamburg sind Flugzeugträger nur seltene Gäste, dafür gehören Flugzeugteiletransporter zum Alltag. Zum RoRo-Anleger am Airbus- Werk Finkenwerder kommt **ELBCLEARING 8** der Reederei Elbclearing. Die ehemalige Rheinfähre, Baujahr 1954, bringt die Seitenleitwerke aus dem Airbus-Werk Stade. Diese 14 Meter hohen Teile aus Kohlenfaserverbundwerkstoff (CFK) werden mit einem speziellen Sattelschlepper zur Elbe gefahren, nach Finkenwerder verschifft und rollen hier wieder von Bord, um im Bauch des Beluga-Frachtflugzeugs nach Toulouse zu gelangen. Das Schiff aus Stade bleibt keine zehn Minuten hier, dann ist der Spezialtransporter schon von Bord gerollt.

Seit 2009 kommt die **KUGELBAKE** der Reederei Wulf aus Cuxhaven, nach dem Wahrzeichen der Stadt benannt. Sie bringt sowohl Rumpfschalen für den A380 vom Aerotec-Standort Nordenham und Shipsets des A320 zur Weiterverschiffung nach Tianjin als auch Teile für den neuen

CITY OF HAMBURG mit A380-Teilen Richtung Toulouse

A350 XWB zum Werk nach Finkenwerder. Von dort geht es weiter zur Endfertigung nach Toulouse mit den speziellen Airbus-Transport-flaggschiffen. Den Anfang machte 2004 **VILLE DE BORDEAUX.** 2008 kamen **CIUDAD DE CADIZ** und **CITY OF HAMBURG** hinzu. Da sie einem Joint Venture zwischen der französischen Reederei Louis Drey-fus Armateurs und der norwegi-schen Reederei Leif Höegh gehören, tragen sie ausnahmsweise zwei Ree-dereilogos am Schornstein.

KUGELBAKE hat A380-Rumpfschalen aus Nordenham gebracht

Beständig in Hamburg zu sehen ist in den letzten Jahren nur noch CITY OF HAMBURG. Wohl um eine Leerfahrt zu vermeiden, bringt das Schiff Fahrzeuge aus dem spa-nischen Pasajes zu einem Autoter-minal im Hamburger Kattwykha-fen, bevor es bei Airbus in Finkenwerder festmacht. Von dort gehen die in Hamburg gefertigten und angelieferten Flugzeugteile via Mostyn (Wales), Cádiz und Saint-Nazaire zum Zielhafen Bordeaux, dann auf dem Landweg weiter nach Toulouse.

ELBCLEARING 8 mit Seitenleitwerken aus Stade

DOLE ASIA am Fruchtterminal auf dem Grasbrook

Kühlschiffe

Die Letzten ihrer Art?

Die Anfänge der Kühlschifffahrt reichen bis in die 1880er Jahre zurück. Zehn Jahre nachdem die Kältemaschine erfunden wurde, kamen erste gekühlte Ladungen mit Bananen von den Kanarischen Inseln nach England, und mit Schiffen der Hamburger Sloman Reederei wurde Fleisch von Neuseeland nach London transportiert. Bis in die 1960er Jahre blieb Fleisch die wichtigste Kühlfracht.

Kühlschiffe sind für schnellen Transport ausgelegt. Mit ihren eleganten Rumpflinien und ihrem zumeist weißen Anstrich gehören sie zu den noblen Erscheinungen zu Wasser. Um gleich einer Verwechslung vorzubeugen: Auch wenn die stadtbekannte CAP SAN DIEGO genauso aussieht, handelt es sich bei ihr nicht im klassischen Sinn um einen Kühlfrachter, obwohl sie tatsächlich häufig Kühlzuladung hatte. Sie ist ein klassischer Express-Stückgutfrachter. Kühlschiffe sind die Sprinter unter den Schiffen. Und auch wenn ihre Dienstgeschwindigkeit am Ende von großen Containerschiffen übertroffen wird, kommen sie durch ihre Bauart doch am schnellsten auf Tour.

Seit den 1960er Jahren nimmt die Kühlfracht stetig zu. Für kleinere Partien wurde der Kühlcontainer entwickelt, der ein eigenes Kühlsystem enthält und für sein Funktionieren lediglich den Bordstrom braucht. Ihm ist es egal, auf welcher Art Schiff er steht.

Der anteilige Transport auf speziellen Kühlschiffen nimmt stetig ab. Im Jahr 2000 wurde nur noch die Hälfte der Kühlfracht von diesen speziellen Schiffen übernommen, die andere Hälfte erfolgte bereits in Kühlcontainern auf normalen Containerfrachtern. Die Kühlkapazitäten auf

BALTIC KLIPPER der Reederei Seatrade zweitjüngstes Kühlschiff

den Containerschiffen wurden seitdem weiter ausgebaut, in der neuesten Containerschiffsgeneration, wie der CAP SAN-Klasse von Hamburg Süd, ist die Kühlkapazität mittlerweile auf 1.700 Container angewachsen. Damit bietet eines dieser Schiffe mehr Kühlraum als zwei der aktuell größten Kühlschiffe zusammen.

Der bisher letzte Kühlfrachter wurde 2011 gebaut, wie die meisten in den letzten Jahren auf der japanischen Kitanihon-Werft in Hachinohe. 1999 kamen wöchentlich noch fünf Kühlschiffe nach Hamburg, 2012 reduzierte sich dies bereits auf zwei pro Woche, und seit 2014 ist nur noch ein Schiff pro Woche zu sehen, darunter mit der BALTIC KLIPPER das zweitjüngste Kühlschiff.

Generell ist Kühlfracht ein seit vielen Jahren wachsender Handelsmarkt. Es gibt über 130 verschiedene Arten gekühlter Ladung für den Seetransport. Bananen liegen mengenmäßig immer noch vorn. Sie benötigen 13 Grad Celsius während der Überfahrt und müssen nach 28 Tagen in der Supermarktauslage sein. Der Markt für Äpfel ist beachtlich gewachsen. Melonen, Zwiebeln und Orangen sind wichtige Kühlfracht, und in den letzten Jahren auch Kirschen. Containerreedereien erwirtschaften mittlerweile 10 Prozent ihres Umsatzes mit Kühlprodukten.

Doch die Kühlschiffreedereien sind nach wie vor konkurrenzfähig, fahren sie doch geradewegs zum Ziel ohne viele Zwischenstopps. So hat der Weltmarktführer Seatrade aus dem holländischen Groningen, der weltweit über 100 Schiffe disponiert, 2014 wieder spezielle Kühlschiffe bestellt. Dole Fresh Fruit, der Marktführer in Amerika, investiert ebenfalls weiter in Neubauten. Auch die große deutsche Kühlschifftradition, die sich mit Namen wie Sloman, Laeisz oder der Horn-Linie verbindet, ist weiter lebendig durch eine Flotte von fast 30 Frachtern der Triton Schiffahrt in Leer, die zumeist in Charter für Seatrade auf den Weltmeeren unterwegs sind.

Binnenschiffe

So alt wie keine anderen

Erst auf den zweiten, vielleicht sogar dritten Blick fallen einem beim Besuch in Hamburg die flachen Kähne der Binnenschifffahrt ins Auge, wenn man den Blick eigentlich auf Ozeanriesen eingestellt hat. Doch auch diese Schiffe tragen für Landdimensionen unvorstellbare 1.000 Tonnen und mehr im Bauch. Im beladenen Zustand ist von den Schiffen selbst erstaunlich wenig zu sehen, der Großteil der Schiffe befindet sich dann unter der Wasserlinie.

Bei der Binnenschifffahrt handelt sich in mehrerlei Hinsicht um eine völlig eigene Schiffswelt. Das Außergewöhnlichste an ihr ist das zum Teil schier unvorstellbare Alter der Schiffe. Das mag wohl zum einen damit zu tun haben, dass sie nicht tagtäglich peitschenden Wellen und Salzwasser ausgesetzt sind. Zum anderen sind die Schiffe nicht selten ein Familienzuhause über Generationen hinweg. Vererbt von Vater zu Sohn oder Tochter, wird das Schiff gepflegt wie das eigene Heim. Auch die überschaubaren Größen von Längen bis 105 Meter ermöglichen leichter die lange Erhaltung. Das Resultat sind geschichtsträchtige Kähne im ganz normalen, aktiven Betrieb; viele ausdrücklich als Museum ausgewiesene Schiffe können altersmäßig nicht mithalten. In Hamburg in Fahrt zu sehen ist beispielsweise die MIRA, selbst die RICKMER RICKMERS ist jünger als dieses Schiff. 1892 wurde

---

Die ältesten Binnenschiffe in Fahrt in Hamburg

MIRA 1892 Capelle an der Ijssel, NL, 80,0 x 9,0 Meter, 1.108 Tonnen, 586 PS

TANNENBERG I 1894 Krimpen an der Ijssel, NL, 74 x 9,80 Meter, 1.049 Tonnen, 620 PS

TOR ELBE 1897 Kinderdijk, NL, 90 x 9,50 Meter, 1.597 Tonnen, 629 PS

MIRA (rechts), ältestes Binnenschiff in Hamburg, vor BEVENRODE und ALASCO

sie im niederländischen Capelle an der Ijssel gebaut, begann ihre Laufbahn als Schleppkahn BORUSSIA in Ruhrort am Rhein. Nach zwei Umbenennungen ging es 1935 als HERBERT rheinaufwärts nach Nierstein unweit Mainz. Dort blieb das Schiff 51 Jahre lang über zwei Generationen im schwimmenden Familienbetrieb beheimatet. Am Anfang ohne eigenen Antrieb, wurde der Schleppkahn zuerst noch von eindrucksvollen Dampfschleppern flussauf gezogen. Nach zwei Weltkriegen überlebte der Kahn dann auch das Ende der Dampfschifffahrt. Das Schiff wurde verlängert, mit einem Dieselmotor versehen und gelangte für weitere 20 Jahren nach Berlin. 2006 war das nun MIRA benannte Schiff erstmals im neuen Heimathafen Hamburg zu sehen. Bis heute fährt das Schiff Steine, Schrott und Saaten für eine Firma in Seevetal. Auf der Elbe gibt es gerade einmal sechs Museumsschiffe, die älter als die MIRA sind, und das auch nur neun Jahre.

Wer Binnenschiffe in Ruhe bestaunen will, dem sei ein Spaziergang am Auehauptdeich in Finkenwerder empfohlen. Dort liegen meist mehrere von ihnen, insbesondere in harten Wintern, in denen die Oberelbe so stark gefriert, dass sie durch die kleinen Elbeisbrecher nicht mehr offen gehalten werden kann.

Wahrscheinlich auch im weltweiten Vergleich sucht diese Flotte über 110-jähriger Schiffe im aktuellen Einsatz ihresgleichen. Lediglich auf dem Main ist mit der KARLSBURG, Baujahr 1888, ein noch älterer Binnenkahn bis heute unterwegs.

Die Nieten verraten das hohe Alter bei MARLIES, Baujahr 1922

Das Alter ist an den Schiffen oft schwer auszumachen. Häufig wurden sie vielfach umgebaut, Teile erneuert. Am ehesten lässt sich ein solcher ehemaliger Schleppkahn am breit ausladenden Heck mit Doppelanker erkennen. Und an den Nieten, die wie Noppen in der Sonne glänzen, manchmal an einigen Stellen des Rumpfes erhalten sind.

Im vollen Kontrast zu diesen Relikten aus der kaiserzeitlichen Jahrhundertwende stehen die hochmodernen Vertreter der Binnenschifffahrt. Augenfällig sind die zwei sehr kastig wirkenden Schiffe **KAJA JOSEPHINE** und **SOPHIA SORAYA**. der Schramm Group. Sie versorgen die Aurubis hinter den Norderelbbrücken auf der Peute fast tagtäglich mit frischen Rohstoffen. Seit 2008 kommen sie aus dem elbab gelegenen Brunsbüttel und bringen alle 25 Stunden 2.700 Tonnen Erz, das in Brunsbüttel aus Chile angelandet wurde. Die fehlenden Rundungen am Bug sind ungewohnt, sie deuten aber auf ein innovatives Schiffbauprodukt hin. Dieser Futura Carrier genannte Typ verfügt über einen Katamaranbug und eine Luftblasenschmieranlage, die Schiffswiderstand und Kraftstoffverbrauch reduzieren. Es sind also sehr interessante Schiffe.

Im Bereich der kleinen Tanker fal-

KAJA JOSEPHINE holt Kupfererz aus Brunsbüttel

ASTERODE Moderner Sunrise-Tanker-Typ der Reederei Fluvia

Binnenschiffe am Finkenwerder Auedeich im Eiswinter 2011/2012

len manchmal solche mit dem Schriftzug SUNRISE ins Auge. Sie besitzen als einziger Binnenschiffstyp einen Wulstbug, so wie die **ASTERODE** der Reederei Fluvia.

Die 20 Schiffe der Bremer Dettmer Reederei dominieren den Markt der Binnentankschifffahrt in Hamburg, so wie **BERNHARD DETTMER** oder **DETTMER TANK 140**, mit Baujahr 2013 das neueste Schiff der Flotte. Gefolgt von über einem Dutzend gelbblauer Schiffe der Fluvia mit Sitz in Rotterdam, Basel und Hamburg. Ihre Schiffsnamen enden auf ...RODE, wie bei der **ASTERODE, BEVENRODE** oder **BLANKENRODE**. Mit zehn Schiffen kommt die Reederei Christoph Burmester auf die Elbe, deren Schiffe BURMESTER im Namen führen, wie **BERNHARD**, **GEORG** oder **NICOLE BURMESTER**.

Der Handel mit Binnenschiffen erschließt sich weit schwerer als der mit ihren seegängigen Vertretern. Er wird weder so minutiös dokumentiert und veröffentlicht wie im Täglichen Hafenbericht bei Seeschiffen, noch gibt es dafür ein zentrales Register wie das, welches im Lloyd's Kaffeehaus in London begründet wurde. Erst dank AIS (siehe S. 28) und gezielter Internetrecherche kann man sich selbst ein Bild davon machen. Denn in Deutschland gibt es ein weit verzweigtes Wasserverkehrsnetz mit vielen aufmerksamen Beobachtern am und zu Wasser.

Neben den heimischen Binnenschiffen kommen zahlreiche ausländische Gäste nach Hamburg. Vor allem tschechische Frachter und Schubschiffe prägen das tägliche Bild, von denen einige bis heute LABE heißen, was tschechisch für Elbe steht. Für das südöstliche Nachbarland ist Hamburg das Tor zur Welt. Seit 1929 hat Tschechien im Hamburger Moldauhafen eine Enklave, die dem Land laut Versailler Vertrag durch Verpachtung eines Grundstücks den direkten Zugang zum Meer bis zum Jahr 2028 ermöglichen soll. Nach dem Zusammenbruch der ehemaligen Staatsreederei CSPL wird das Gelände seit 2002 nicht mehr entsprechend genutzt.

Wirtschaftlich überlebt haben hingegen zahlreiche Schubschiffe und

Leichter, die aus der ehemaligen Binnenreederei der DDR stammen. Fast 300 dieser auch Prahm genannten kastigen Einheiten wurden seit Mitte der 1970er Jahre in Eisenhüttenstadt an der Oder gefertigt. Da sie auch zum Containertransport geeignet sind, gehören sie heute zum alltäglichen Bild im Hamburger Hafen. Insgesamt hält die Deutsche Binnenreederei mit Sitz in Berlin mit 800 Schiffseinheiten als Nachfolger der ehemaligen DDR-Schiffe die größte Flotte auf den Inlandswasserstraßen.

Von weiter östlich sind zuweilen auch polnische Schub- und Binnenschiffe zu Gast, ebenso wie aus der anderen Himmelsrichtung niederländische und belgische Binnenschiffe häufige Gäste sind.

Binnenschiffe holen Zement aus Itzehoe, Bauxit aus Bützfleth für das Hamburger Aluminiumwerk, bringen Schrott aus den östlichen Landesteilen zum Stahlwerk in Hamburg oder zur Weiterverschiffung, transportieren Kohle zu Kraftwerken im Binnenland, nach Hannover oder ins niedersächsische Mehrum am Mittellandkanal. Die Reisen führen elbauf bis nach Tschechien oder über das Schiffshebewerk Scharnebeck weiter bis ins Rhein-Main-Donau-Gebiet.

Binnentanker sind häufig auf der Durchreise zu den Raffinerien in Heide, Brunsbüttel oder Bützfleth. Sie fahren aber auch elbauf oder Richtung Rhein nach Köln und Düsseldorf, zur Donau oder weiter bis Rotterdam und Antwerpen.

Zwei Dutzend Binnenschiffe kommen jeden Tag, und damit genauso viele wie Schiffe von See. In einem Monat kommt eine Flotte von fast 300 verschiedenen Schüttgutfrachtern, Tankern und Schub-

Schubverband der Deutschen Binnenreederei

DETTMER TANK 179 am Shell-Terminal im nördlichen Reiherstieg

schiffen zusammen. Neben den heimischen Schiffen führen die Niederlande, Tschechien und Polen die Gästeliste an. Und Trockenfrachter führen gegenüber den Tankern im Verhältnis drei zu zwei.

Die Kreuzfahrten auf Flüssen sind fast ein Kapitel für sich. Binnenkreuzfahrtschiffe sind eine der am schnellsten wachsenden Flotten der letzten Jahre. Den Startpunkt dieser Entwicklung markiert verständlicherweise der Fall des »Eisernen Vorhangs«. Die ersten zehn Jahre erscheinen aus heutiger Sicht noch vergleichsweise moderat mit einer Verdoppelung auf etwas mehr als 100 Schiffe. In den fünf darauf folgenden Jahren verdoppelte sich die Flotte in der Hälfte der Zeit.

Noch einmal 200 Schiffe kamen in den nächsten zehn Jahren dazu. Doch 400 Binnenkreuzfahrtschiffe waren nicht das Ende der Expansion auf den europäischen Flüssen. Ganz im Gegenteil, die Jahre 2013 und 2014 gingen mit jeweils 24 und 28 Neubauten als bisherige Rekordjahre in die Geschichte ein, und die 500er-Marke wurde schon 2015 überschritten. Maßgeblichen Anteil hat die Schweizer Viking River Cruises, die bis 2015 fast 50 Schiffe ihres »Longship-Typs« in Rostock bauen ließ.

Für die Elbe und Hamburg allerdings funktioniert nur eine kürzere Version, die 2015 in zwei Exemplaren fährt.

Insgesamt gibt es ca. 50 Binnenkreuzfahrtschiffe, die theoretisch auf der Elbe fahren könnten, real haben bisher zehn hier angelegt, zumeist an den Landungsbrücken. SWISS RUBY war seit 2004 der bisher beständigste Gast.

SWISS RUBY häufigstes Binnenkreuzfahrtschiff in Hamburg

Schleppversorger **MÆRSK LEADER** am Heck der **MÆRSK CURLEW**

Die Exoten

Von Abschleppern und Brückenbringern

Es sind einmalige Schiffe mit der vielleicht ungewöhnlichsten und wohl auch eindrucksvollsten Fracht, die man in Hamburg sehen kann. Gigantische Containerbrücken an Bord eines Schiffes, das scheinbar kopflastig aussieht. Sie kommen direkt aus Schanghai. Umgeben von Großwerften und Terminals im größten Hafen der Welt, wo täglich tausend Schiffe fahren, werden die Schlüsselelemente des Containerzeitalters direkt am Jangtse produziert. Alte stabile Bulker und Tanker wurden zu sogenannten Deckslastschiffen umfunktioniert, um die über 50 Meter hohen und sperrigen Konstrukte in alle Welt zu transportieren. Individuell produziert und exklusiv angeliefert. Solange Reedereien immer breitere Schiffe bauen lassen und immer höher stapeln, ist dieser spezielle Markt lebendig, auch für Hamburg könnten sich neue Containerbrücken anbahnen. Auf über zwei Dutzend Frachter ist die Flotte der Shanghai Zhenhua Port Machinery mittlerweile gewachsen.

Die großen Reparaturdocks von Blohm+Voss beherbergen nicht nur die allseits bekannten Fracht- und Kreuzfahrtschiffe, sondern bringen jedes Jahr besonders exotische Gäste aus anderen Schifffahrtsbereichen nach Hamburg. Aus den letzten zwei Jahrzehnten sind beispielhaft die LNG-Tanker **MUBARAZ** und **MRAWEH** 1995/1996, die Service-Plattform **IOLAIR** 1996, das Vermessungsschiff **RAMFORM BANFF**

ZHEN HUA 26 mit Brücken aus Schanghai in Hamburg

2000 und 2011, der Kabelleger DAN SWIFT 2007, der Röhrenleger AU-DACIA 2010 und die Ölverarbeitungsschiffe MÆRSK CURLEW 2009 sowie ENQUEST PRODUCER 2011 zu nennen.

Ganz besondere Tage sind, wenn diese Schiffe kommen und gehen. Denn oftmals bedarf es besonders großer Hochseeschlepper, um die manchmal antriebslosen Schiffe wieder zu ihrem Einsatzort zu bringen.

So selten sie kommen, umso länger scheinen sie zu bleiben. Das hängt natürlich ganz nüchtern betrachtet von der Komplexität des Umbauauftrags ab. Als die ENQUEST PRODUCER am 13. Oktober 2013 Hamburg wieder verließ, waren 636 Werfttage vergangen. Der Umbau der RoRo-Fähre KRAKA zum Kabelleger DAN SWIFT brauchte sogar 775 Tage Liegezeit in Hamburg, jedoch war wohl lange die Finanzierung nicht klar, bevor es losgehen konnte.

Seit der Inbetriebnahme des Kohlekraftwerks Moorburg kamen 2014 nach über zehn Jahren Pause wieder Zementfrachter nach Hamburg. Insgesamt viermal pro Jahr holten die Schiffe den Gips, der bei der Abgasentschwefelung anfällt.

Fischereifahrzeuge
Zwei Kutter gibt es noch

ELVSTINT und OSTETAL

Trotz des allsonntäglichen Fischmarkts sind Fischereifahrzeuge in Hamburg zu absoluten Exoten geworden. Zunächst mag das dem Touristen unverständlich sein, bis er sieht, was auf dem Fischmarkt verkauft wird: Palmen. Ananas. Und auch ein paar Aale. Fisch erreicht schon seit vielen Jahren Hamburg per Lkw. In Cuxhaven, Bremerhaven, Esbjerg oder Skagen geht er von Bord der großen Fabriktrawler und dann tiefgefroren auf die Reise zu uns. Von diesen Fischfang- und Verarbeitungsschiffen waren nach Öffnung des Eisernen Vorhangs vor allem russische oftmals in Hamburg, aber nicht, um Fisch zu bringen, sondern um Autos und Kühlschränke zu holen.

Von den kleinen Fischkuttern sind ELVSTINT und OSTETAL die letzten ihrer Art auf Hamburgs Elbgewässern. Fischer Stoef aus Hoopte und Fischerfamilie Zeeck aus Geversdorf fangen zum Jahresanfang die saisonale Spezialität, die es manchmal nur vier Wochen lang gibt, den nach Gurken riechenden Elbstint. Hamburgs letzter Fischkutter NORDSTERN wurde 2013 von dem auch als letzter Bewohner Altenwerders bekannten Fischer Heinz Oestmann verkauft.

Kreuzfahrtschiffe
Hamburg im Kreuzfahrtfieber

Eine Flotte von mehr als 160 verschiedenen Kreuzfahrtschiffen hat Hamburg in den letzten 25 Jahren besucht. QUEEN MARY 2 kam seit 2004 mehr als 25-mal in ihren heimlichen Heimathafen. Beim Erstanlauf war sie mit 345 Meter Länge und Platz für 2.600 Passagiere auch noch das größte der hiesigen Kreuzfahrtschiffe. Mittlerweile haben ihr in Hamburg drei Schiffe diesen Titel abgerungen. Die QUANTUM OF THE SEAS übertraf die Majestät mit einer BRZ von 168.666 sogar um fast 9 Prozent mehr Schiffsraum, aber sicher nicht an Eleganz. Im Oktober 2014 kam das Schiff zur Abschlussdockung kurz vor Ablieferung zu Blohm+Voss. Weltweit gibt es sieben größere Schiffe als die QM2, und die Tendenz ist stark steigend. QUEEN MARY 2 war es auch, die für Hamburg als erstes Kreuzfahrtschiff die magische Marke von 100.000 BRZ übersprang. Mittlerweile sind schon 14 dieser Kreuzfahrtriesen nach Hamburg gekommen von den insgesamt 57, die sich weltweit in Fahrt befinden.

Rein medial betrachtet, könnte man meinen, der Rausch der Containerschifffahrt, der seit Jahren zu beobachten war, sei auf die Kreuzfahrtschiffe übergegangen, so sehr werden sie beachtet. Und es wird weitergehen, denn die Entwicklung dieses Schifffahrtszweigs ist noch nicht zu Ende: Sieben Ablieferungen der Größenordnung über 100.000 BRZ sind aktuell vorgesehen, drei Schiffe kommen durch Verlängerung in diese Dimension. Bis 2019 stehen jetzt schon weitere 26 Ablieferungen in den Büchern der Werften in Papenburg an der Ems, Saint-Nazaire in Frankreich, Turku in Finnland und Monfalcone in Italien. In kaum einem anderen Bereich werden derzeit solch langfristige Bestellungen getätigt.

Geradezu atemberaubend ist die Entwicklung der Passagierzahlen in Hamburg. Waren es 2001 noch 16.500 Kreuzfahrtgäste, so kamen 2014 unvorstellbare 590.000 Passagiere auf Kreuzfahrtschiffen nach Hamburg. Die Stadt hat auf den Boom reagiert und das Angebot an Anlandungsmöglichkeiten kräftig aufgestockt: Drei Terminals sind fertig oder im Bau, wobei das letzte ursprünglich als Container- bzw. Mehrzweckfrachtterminal geplant war.

Einlaufparade am Sommermorgen mit AIDASTELLA und SEA CLOUD II

Das bisherige Rekordjahr der Schiffsankünfte ist 2014: 189 Schiffe kamen nach Hamburg. Und immer neue Schiffe kommen hinzu: **MSC SPLENDIDA** stößt mit ihrer Größe fast in QUEEN-MARY-2-Dimensionen vor. MSC Crociere wird ihr Flaggschiff zudem regelmäßig auf die Elbe schicken. Die **REGAL PRINCESS** übertrifft die Dimensionen der QM 2 bei ihrem einmaligen Besuch. Der Neubau **NORWEGIAN ESCAPE** der Meyer Werft in Papenburg ist avisiert, den Größenrekord in Hamburg zu überbieten. Einzig Costa Crociere schickt mit der **COSTA NEOROMANTICA** ein kleineres Schiff als bei früheren Abfahrten.

Neben den großen Neuen wird es immer auch kleinere Überraschungen geben: Der 90-Meter-Kreuzfahrer **SEA SPIRIT** war 1991 schon einmal hier als HANSEATIC RENAISSANCE, aber seitdem nicht wieder. Auch der letzte Besuch der **STAR LEGEND** geht bis ins Jahr 1992 zurück, damals hieß das Schiff noch ROYAL VIKING QUEEN.

MEIN SCHIFF 4 ist 2015 in Hamburg das zweite des geplanten Neubauquartetts der TUI Cruises. Die **AIDAPRIMA** wird ab der Kreuzfahrtsaison 2016 die Kussmundschiffe in Hamburg in eine andere Dimension bringen. Diese neue sogenannte Hyperion-Klasse ist fast doppelt so groß wie die jetzige Sphinx-Klasse und bietet antriebstechnisch die bisher fortschrittlichsten Lösungen. Erstmals bekommen die Schiffe ein Luftschmiersystem und einen Dual-Fuel-Motor, der sowohl mit Marine Gasöl als auch LNG angetrieben werden kann. Die LNG Hybrid-Barge für die Liegezeiten im Hafen wartet schon in Hamburg.

Die Passagierzahlen in Hamburg sind nicht allein durch größere Schiffe und häufigere Anläufe gewachsen, sondern auch durch eine deutliche Verlängerung der Saison. Selbst kurz vor Weihnachten kann man in Hamburg noch einmal einen Höhepunkt mit vier Kreuzfahrtschiffen gleichzeitig pro Tag erleben, wie beispielsweise am 16. Dezember 2014 die **ADONIA, ARTANIA, AURORA** und **BALMORAL**. Während die AURORA

die Winterruhe für einen Werftaufenthalt bei Blohm+Voss nutzte, haben die anderen drei spezielle Weihnachtsmarktkreuzfahrten im Programm. Nachdem nun seit 2007 die Kreuzfahrtsaison bis in die Vorweihnachtszeit reicht, eröffnet die AURORA 2015/2016 erstmals die Möglichkeit, Silvester in Hamburg vom Kreuzfahrtschiff aus zu erleben.

Bei allem Fortschritt und aller Modernisierung kommen immer auch noch traditionell orientierte

Besuch am Kreuzfahrtterminal Grasbrook CELEBRITY ECLIPSE

Pooldeck der **QUEEN MARY 2**

Kreuzfahrer. Der älteste war bisher 2010 die 62-jährige **ATHENA**, die auf eine mehr als bewegte Schiffsgeschichte zurückblicken kann. Als STOCK-HOLM in Göteborg gebaut, überstand sie 1956 die Kollision mit der doppelt so großen ANDREA DORIA, fuhr viele Jahre als DDR-Urlaubsschiff VÖLKERFREUNDSCHAFT und ist heute als AZORES immer noch zwischen Großbritannien und den Azoren unterwegs.

Die immer häufiger werdenden Kreuzfahrer bedeuten jedoch nicht größere Vielfalt: 1996 kamen 15 verschiedene Kreuzfahrtschiffe zusammen 26-mal. Damals war die **VISTAFJORD** mit fünf Anläufen das einzige Schiff mit einer regelmäßigen Abfahrt ab Hamburg. 2014 waren es zwar 143 Anläufe mehr, aber nur 20 Schiffe bereicherten die Flotte. Ob nun Cunard Line, Costa Crociere, Hapag-Lloyd Kreuzfahrten, MSC Crociere, Phoenix Reisen oder TUI Cruises, viele Reedereien sind mittlerweile alle zwei Wochen mit Abfahrten vertreten. AIDA bringt es in der Hochsaison sogar auf zwei Abfahrten pro Woche. Wie schon 1996 gibt es aber nach wie vor auch Reedereien und Schiffe, die Hamburg nur einmal pro Jahr besuchen, wie die **CRYSTAL SYMPHONY** der japanischen Crystal Cruises, die **REGAL PRINCESS** der britischen Princess Cruises, die AURORA der P&O Cruises, die BALMORAL der norwegischen Fred. Olsen Reederei oder die **PRINSENDAM** der Holland-America Line. Selbst Hapag-Lloyds Expeditions-Kreuzfahrtschiff **BREMEN** kommt manchmal nur ein einziges Mal im Jahr, dafür aber seit 1992 regelmäßig. Ebenso seit 1992 ist die **HANSEATIC** zu Besuch, zumeist mindestens zweimal im Jahr. Die Flaggschiffe der Hapag-Lloyd-Flotte, **EUROPA** und **EUROPA 2**, dagegen gehören zu den regelmäßigen Hamburger Gästen, ebenso wie der Luxuskreuzfahrtsegler **SEA CLOUD II**.

Auch Kreuzfahrtüberraschungen gibt es regelmäßig auf der Elbe. Mit der **MARCO POLO** kommt 2015 ein ehemals russisches Kreuzfahrtschiff, das bereits 1964 in Wismar gebaut wurde und Hamburg im Jahr 2000 das letzte Mal besucht hat. Eine ältere Attraktion ist die **NORDSTJERNEN**. Der Hurtigruten-Postschiffklassiker, 1956 in Hamburg bei Blohm+Voss gebaut, besucht Hamburg 2015 für eine Expeditionsreise rund um Spitzbergen.

Aus dem aktiven Liniendienst war das Schiff nach 56 Jahren ausgeschieden, wurde aber ab 2012 mit Mitteln des norwegischen Denkmalschutzes aufwendig restauriert und steht als Hotelschiff und für Chartertouren zur Verfügung.

FRAM modernes Hurtigruten-Schiff

Segler und Tuckerboot des Blankeneser Segelclubs (BSC)
vor ATLANTIC REEFER und QUEEN MARY 2

Der Schnellste und die Sauberste
Helgolandfähren

HALUNDER JET ist der Schnellste. Mit bis zu 37 Knoten, also grob gerundet 70 km/h, scheint er über das Wasser gen Helgoland zu schweben. Seine Höchstgeschwindigkeit erreicht er allerdings erst nach Verlassen des Hamburger Gebiets. Zu kräftig ist der Wellenimpuls, auch die Lautstärke ist enorm. Der Katamaran hat bei 50 Meter Länge Platz für 600 Passagiere und über 9.000 Pferdestärken unter Deck. Sein Aluminiumrumpf ist vergleichsweise leicht. Der hohe Schwerpunkt und die Geschwindigkeit führen dazu, dass die Passagiere viele kleinere Wellen kaum spüren. Wenn der Wind jedoch zu kräftig weht und die Welle unpassend zum Schiff läuft, dann muss ein solches Schiff schlicht pausieren, während herkömmliche Schiffe noch durch die Wellen stampfen können.

Eine etwa doppelt so große Katamaranfähre im Oman hält mit 55 Knoten den Weltrekord im kommerziellen Einsatz. Nur in Kombination mit Triebwerken von Flugzeugen lassen sich noch deutlich höhere Geschwindigkeiten erzielen. Seit 1978 steht der Geschwindigkeitsrekord der SPIRIT OF AUSTRALIA mit 276 Knoten, also 511 km/h, zu Wasser. Für die Elbe zum Glück unvorstellbar, aber Rekordgeschwindigkeiten haben in Hamburg ebenfalls ihre Geschichte: 45 Knoten wurden 1943 angepeilt, als in Harburg mit der SCHELL 1 das erste große Tragflächenboot weltweit entstand. 45 Knoten waren es tatsächlich 1989 mit dem Luftkissenkatamaran CORSAIR von Blohm+Voss.

Zum Rausch der Geschwindigkeit des HALUNDER JET nach Helgoland gibt es im Sommer 2015 eine ganz andere moderne, attraktive Alternative. Jeden Samstag startet die Reederei Cassen Eils mit einem Schiff im Stil

der alten Bäderschiffe, so wie zuletzt die WAPPEN VON HAMBURG bis 1997, aber mit fortschrittlichem Flüssiggas-Antrieb, kurz LNG. Die Abgase dieses Schiffes sind völlig schwefelfrei, und auch andere Abgaskomponenten sind deutlich reduziert. Die neue LNG-Fähre nach Helgoland ist in Deutschland Pionier und eine der ersten von 30 für die nächsten zwei Jahre weltweit bestellten LNG-Fähren. Bei 83 Meter Länge wird sie 1.200 Fahrgästen an Bord Platz und Komfort bieten.

HALUNDER JET beschleunigt vor Blankenese nach Helgoland

HMS ARK ROYAL Besuch der Royal Navy

Marine

Die Grauen

Obwohl Marineschiffe farblich unscheinbar daherkommen und gemessen an heutigen Frachtern verhältnismäßig klein sind, stehen sie doch für mehr. Sie verkörpern eine Nation bzw. deren Ansprüche zu Wasser. Rekordverdächtig sind sie immer vor allem im Verhältnis von Schiffsgröße und Motorisierung. Auch wenn sie weit über 100 Meter lang sind, sind sie extrem sprintstark, abhängig natürlich vom jeweiligen Typ und Schiffszweck.

Da die deutsche Marine ihren letzten Stützpunkt in Hamburg vor einigen Jahren aufgegeben hat, kommt auch sie nur zu Besuch hierher auf die Elbe oder für einen Reparaturaufenthalt zur Norderwerft. Liegt ein graues Schiff bei Blohm+Voss, so wird es dort aller Wahrscheinlichkeit nach gerade gebaut. Marine-Reparaturaufträge übernimmt die Werft eher selten. Über die Jahre sind sehr unterschiedliche Nationen zu Besuch nach Hamburg gekommen. Die weitesten Reisen hatten 1998 eine japanische Delegation, 2005 die australische Fregatte ANZANC und im Januar 2015 die chinesische Marine hinter sich. Sogar die indische Marine war schon mit einer Fregatte bei einem Hafengeburtstag zu Gast; nach der Übernahme von einer Werft in St. Petersburg passte dies terminlich.

Mit Abstand am häufigsten ist die Royal Navy des Vereinigten Königreichs zu Besuch. Die größte Navy der Welt aus den USA lässt sich hingegen selten blicken. Die russische Marine war hier außer mit ihren Segelschulschiffen noch nie vertreten – als Trost gibt es dafür das U-Boot-Museum aus der Sowjetzeit in Hamburg am Fischmarkt.

270 verschiedene Marineschiffe, Segelschulschiffe ausgenommen, waren in den letzten 25 Jahren in Hamburg zu Besuch. Zwölf davon wurden auch hier gebaut. Insgesamt haben sie 520-mal hier festgemacht. Mit ins-

gesamt zwölf Anläufen seit 1993 hält die brasilianische Trainingsfregatte BRASIL U-96 den Rekord auf der Elbe. Selbst das Patenschiff der Hansestadt, die Fregatte HAMBURG der deutschen Marine, stattete nur neun Besuche ab. Doch das Schiff ist auch erst zehn Jahre alt und weit mehr in Einsätze eingebunden als nur zu Repräsentationszwecken unterwegs. Durchschnittlich kommt Hamburg aber auf gerade mal 20 Anläufe von Marineschiffen pro Jahr, damit ist jedes graue Schiff auf der Elbe schon ein besonderes Ereignis. Sollte ein ganzer Verband mit drei oder mehr Schiffen auftauchen, den Hafengeburtstag mal ausgenommen, dann kommen für Flottenbegeisterte geradezu Weihnachten und Ostern zusammen.

Das längste war mit 226 Metern bisher das französische Raketenleitschiff MONGE, das größte der britische Hilfsflugzeugträger HMS ARGUS, wenn man die Maximalverdrängung zugrunde legt. Am beeindruckendsten mögen aber vielleicht die drei britischen Flugzeugträger der ARK-ROYAL-Klasse gewesen sein, von denen 2011 die HMS ILLUSTRIOUS als letzte Flagge zeigte, bevor sie allesamt außer Dienst gestellt wurden. 30 Nationen waren hier insgesamt, 250-mal kamen Kadetten von fernen Ländern mit ihren Schiffen.

Das älteste Schiff, mit Ausnahme der kleinen 56-jährigen Hohlstab-Fernräumer Typ SEEHUND der deutschen Marine, war 2010 der französische Hubschrauberträger JEANNE D'ARC, der mit 46 Dienstjahren auf seiner letzten Reise in Hamburg beim Hafengeburtstag Station machte. Das Schiff wurde sogar als Staatsbesuch geführt und mit 21 Salutschüssen der Bundeswehr begrüßt, die extra spezielle Haubitzen aus Berlin in Blankenese in Position brachte. 21-mal schoss die JEANNE D'ARC zurück, mit leeren Kartuschen selbstverständlich. Solch ein Ritual hatte es in Hamburg seit vielen Jahrzehnten nicht mehr gegeben.

KRUZENSHTERN (1925) ex PADUA der Reederei F. Laeisz

Segelschulschiffe sind insbesondere zum Hafengeburtstag gern gesehene Gäste. Dennoch ist die Flotte überschaubar. Lediglich 26 Schiffe waren in den letzten 25 Jahren zu Besuch, mit gut 60 Anläufen. Allein zehnmal davon hat es der russische Dreimaster MIR geschafft, seit 1991 dabei zu sein. Die größten und stolzesten Vertreter waren die russischen Viermaster SEDOV und KRUZENSHTERN, die ebenso zu den regelmäßigen Gästen gehörten wie der italienische Dreimaster AMERIGO VESPUCCI. Die SEDOV, gebaut als deutsches Schiff

MAGDALENA VINNEN, gilt dabei mit 4.200 Quadratmetern Segelfläche als größter traditioneller Segler weltweit. Den Titel für den größten Segler hat ihr der Fünfmaster ROYAL CLIPPER im Jahr 2000 abgerungen, der im Stile der PREUSSEN von anno 1902 5.000 Quadratmeter Segel in den Wind setzen kann.

Forschungsschiffe
Eine kleine Hamburger Flotte

Forschungsschiff LUDWIG PRANDTL, regelmäßig in Hamburg

Zwar hat Hamburg mit dem Bundesamt für Seeschifffahrt und Hydrographie (BSH), das bereits 1868 als Norddeutsche Seewarte gegründet wurde, eine traditionsreiche Instanz mit einer Flotte von fünf Arbeitsforschungsschiffen. Nur haben sich in den letzten Jahren die Anläufe deutlich verringert zugunsten des zweiten Standorts in Rostock. Das letzte Mal war es 2011, dass vier der fünf Schiffe wie gewohnt am Kirchenpauerkai bei der Norderelbbrücke zur Jahreswechselruhe festmachten. Das Wracksuchschiff ATAIR hielt in Hamburg noch bis 2013 die Stellung, das fünfte Schiff des BSH, die CAPELLA, hat sich in Hamburg noch nicht blicken lassen. Doch seit 2009 ist mit der irischen CELTIC EXPLORER regelmäßig ein Charterschiff des BSH zu sehen.

2014 wird für diese Art Schiffe in Hamburg ein außergewöhnliches Jahr bleiben, in dem sowohl die METEOR als auch die SONNE an den Landungsbrücken festmachten. Obwohl die METEOR, bereits 1985 gebaut, vom Institut für Meereskunde der Universität Hamburg betrieben wird, war sie bisher nur fünfmal im Heimathafen. Das neue deutsche Forschungsflaggschiff SONNE zur Erkundung der Tiefsee erhielt bei Blohm+Voss seinen letzten Schliff. Mit Wilhelmshaven am Heck ist der Haupteinsatz im Indischen Ozean und im Pazifik geplant. Bislang haben in den letzten 30 Jahren 56 verschiedene zivile Forschungs- und Vermessungsschiffe in Hamburg festgemacht. Zwei bedeutende deutsche Schiffe fehlen bis heute: die POLARSTERN und die MARIA S. MERIAN. Während das eine zum Alfred-Wegener-Institut (AWI) in Bremerhaven gehört, operiert das andere Schiff vom Leibniz-Institut für Ostseeforschung von Warnemünde aus. Das 31 Meter lange Forschungsschiff LUDWIG PRANDTL, beheimatet beim Helmholtz-Zentrum Geesthacht, ist der einzige wirklich regelmäßige Gast in Hamburg.

Yachten
Seltene Gäste

Große Luxusyachten sind seltene Tourgäste in Hamburg. Das Mittelmeer lockt doch mehr als die Nordsee. Es passiert alle zwei Jahre mal, dass solch ein Schiff auf Weltreise an der Überseebrücke festmacht. Dennoch ist fast immer eine Megayacht in Hamburg anwesend. Blohm+Voss gehört zu den führenden Bauwerften, die sich nicht nur mit der 163 Meter langen, seinerzeit größten Yacht der Welt ECLIPSE einen Namen gemacht hat. Meist befindet sich mindestens eine Yacht in den überdachten Docks im Bau oder im Umbau. Seitdem die Norderwerft im Reiherstieg unter die Federführung von Lürssen, der mit nunmehr drei Standorten größten Yachtwerft Deutschlands, kam, gibt es noch einen dritten Ort in Hamburg als Ziel für Megayachten. Die RISING SUN, immerhin die neuntlängste Yacht der Welt und zweitlängste in Hamburg, machte im April 2014 den Anfang. Zehn Yachten über 100 Meter waren seit 1990 in Hamburg, schließt man einen unfertig abgelieferten Rohbau bei Blohm+Voss mit ein. Die GOLDEN ODYSSEY führt in der Häufigkeit mit insgesamt fünf Anläufen.

ECLIPSE 2010 größte Yacht der Welt vor dem Hamburger Michel

GOLDEN ODYSSEY Megayacht, regelmäßig in Hamburg

Segelyacht PINK GIN ragt im City Sporthafen heraus

BUGSIER 10 der zugkräftigste Schlepper in Hamburg

Lotsen, Schlepper, Festmacher
Die Helfer

Stellen Sie sich vor, wie ein Ozeanriese aus den Weiten des Meeres immer weiter in die Enge eines Hafens gerät. Das Schiff stört es nicht, solange die sprichwörtliche Handbreit Wasser unterm Kiel ist. Auch ein Meter Wasser reicht, um den Koloss schwimmen zu lassen, so höchst erstaunlich das auch ist: Auch damit lassen sich im Extremfall Docks und Schleuseneinfahrten erreichen. Doch für Kapitän und Besatzung bedeutet die Revierfahrt auf der Elbe und in den Hafen eine große Umstellung. Spätestens beim Anlegen geht es auf einmal um Meter. Die meisten Schiffe sind antriebstechnisch nicht für Feinnavigation ausgerüstet, schlicht aus Kostengründen. Zur Hilfe kommen ihnen ortskundige Kollegen und kleine Spezialschiffe: Lotsen, Schlepper und Festmacher.

Die Hafenschlepper von heute sind nicht mehr nur kleine, knuffige Kraftprotze, sondern wahre PS-Giganten. Sie ziehen und schieben alleine, wofür vor wenigen Jahren noch zwei oder vier Schlepper vonnöten waren. Ganz nebenbei haben viele noch eine Feuerlöschanlage

LOTSE 3 prescht in den Parkhafen, SANTA RITA liegt am Athabaskakai

MOORING TUG II orangefarbenes Festmacherboot von Max Meyn – Lütgens & Reimers

und schleppen ein Schiff auch mal über See in den nächsten Hafen. **BUG-SIER 10** ist der kräftigste mit 86 Tonnen Pfahlzug, die Schwester **BUGSIER 9** und die Rotor-Tugs der Baureihe RT-80 wie **BUGSIER 4** bis **6**, **HUNTE**, **RT ROB** und **RT MARGO** folgen. Auch Hamburgs aktuell neuester Schlepper **MICHEL** bringt es auf 80 Tonnen Pfahlzug. Am meisten unter Deck hat **RT ROB** mit 7.100 PS. **WILHELMINE**, mit Jahrgang 1980 in Hamburg noch im Einsatz, zieht 27 Tonnen bei 1.700 PS, ebenso wie der baugleiche **HANS**, Baujahr 1982.

In Hamburg fährt die Bugsier (Bugsier-, Reederei- und Bergungs-Gesellschaft), 1866 gegründet, mit der zahlenmäßig stärksten Flotte, gefolgt von der Fairplay Towage, ursprünglich Fairplay Schleppdampfschiffs-Reederei Richard Borchard. Petersen & Alpers fährt mit überschaubarerer Flotte, darf sich aber ältester noch im Familienbesitz befindlicher Dienstleistungsbetrieb im Hamburger Hafen nennen, immerhin reicht die Traditionslinie bis 1793 zurück. Die zweitälteste Reederei, Lütgens & Reimers von 1837, ging 1994 mit der Bremer Unterweser Reederei AG (URAG) zusammen und 2001 unter das Dach der Linnhoff Schiffahrt. Mit einem sogenannten Schlepperkrieg begannen 1996 niederländische Reedereien, verstärkt auch auf der Elbe Fuß zu fassen. Während das weltweit operierende Unternehmen SMIT Hamburg wieder aufgab, hat sich KOTUG aus Rotterdam in Hamburg fest etabliert.

Neben den 20 Schleppern für die Seeschiffassistenz gibt es in Hamburg noch über zwei Dutzend Hafenschlepper, insbesondere für den

Geschichtsträchtige Hafenschlepper SCHLEPPKO 7, JOHANNES MATTHIES vor der **CAP SAN DIEGO**

Transport von Schuten und Prahmen. HEINRICH-LUDWIG, gebaut 1906 bei Janssen & Schmilinsky, ist der älteste im Dienst, bis heute fährt er in der Flotte von Carl Robert Eckelman. SCHLEPPKO 3 des Schleppkontors Karl H. Meyrose ist der zweite Grandseigneur. Er wurde 1908 in Dresden-Übigau gebaut auf einer der damals größten Binnenwerften Europas. Die jüngeren Kollegen TIGER (1910) und CLAUS D. (1913) sind schon im Ruhestand und können im Museumshafen Oevelgönne in Augenschein genommen werden.

Neben größeren Binnenschleppern im Hafen gibt es noch weit über 20 traditionelle Schleppbarkassen, die von Carl-Robert Eckelmann, Hans Wolkau, Hinrich K.P. Vogler Wasserbau oder Arnold Ritscher betrieben werden.

Neben den alteingesessenen Unternehmen haben sich als Youngster 2002 die Gebrüder Lührs mit einer Schlepperflotte von der Barkasse bis hin zum Seeschlepper etablieren können.

Lotsenversetzboote und Schlepper gibt es weltweit in jedem Hafen, in den große Schiffe kommen, und oft sind die Schlepper Serienschiffe wie PETER oder PROMPT vom Typ ASD Tug 2411 der holländischen Werft Damen, von denen es weltweit 60 Exemplare gibt. Festmacherboote jedoch sind in vielen Häfen lokale Spezialitäten. So geben die Hamburger Festmacherboote mit ihrem zumeist leuchtend orangefarbenen Anstrich dem Hafen eine gehörige Portion Lokalkolorit.

HHLA IV hebt sperrige Fracht von HAN-NELORE zu OSAKA EXPRESS

Schwimmkräne

Hiev op!

Nicht alles lässt sich landseitig oder mit Hilfe von Bordkränen aufs Schiff hieven. Deshalb haben Schwimmkräne in Häfen eine lange Tradition. Die Hamburger Hafen und Logistik AG (HHLA) stellte 1928 mit HHLA I ihren ersten 30-Tonnen-Kran in Dienst, bis in die 1980er Jahre war er im aktiven Betrieb, jetzt hat er im Museumshafen am Oevelgönner Anleger festgemacht.

Aktuell sind mit HHLA III und HHLA IV zwei alte Krandamen weiterhin im Dienst, mit 100 und 200 Tonnen Hebekraft und immerhin auch schon aus dem Jahr 1941 und 1957. Für ungewöhnliche, sperrige Fracht sind ihre Dienste nach wie vor gefragt. Beide Kräne werden Hamburg wohl im Roßhafen noch einige Zeit erhalten bleiben.

Für schwerere Lasten, beispielsweise Schiffsdiesel, oder ganze Schiffsteile, etwa bei Umbauten der Werft Blohm+Voss, kommen leistungsfähigere Kräne auf die Elbe. ENAK der Bugsier Reederei, mit 600 Tonnen Hebelast, ist der regelmäßigste Gast, nahezu einmal pro Quartal kommt er. Die Hamburger Rekorde halten ASIAN HERCULES II mit 3.200 Tonnen und RAMBIZ im Tandembetrieb mit 3.300 Tonnen Hebeleistung, 2002 bzw. 2013 waren sie hier. Zum Vergleich: Der weltgrößte Kran THIALF bringt es auf zweimal 7.100 Tonnen.

Barkassen, Rundfahrtschiffe und Fähren
Die Wasserbusse und Ausflugsschiffe

Bis zu 1.000 Barkassen soll es zwischen den 1920er und 1960er Jahren im Hamburger Hafen gegeben haben. Selbst wenn sich die Zahl einer genauen Überprüfung entzieht, so steht sie doch synonym dafür, dass es Zeiten gab, in denen es täglich einen solch zahlreichen Verkehr auf dem Wasser gab, wie er heute bestenfalls beim Hafengeburtstag zu erleben ist. Aus dem italienischen *barcaccia* entlehnt, steht die Barkasse im ursprünglichen Sinne für das größte Beiboot eines Kriegsschiffs. Bei der Hamburger Hafenbarkasse handelt es sich um einen Schiffstyp, den es so nur hier gibt. Es ist ein

Barkasse MARTA und Traditionsfähre KIRCHDORF im Hafengeburtstagsgetümmel

äußerst lokales Phänomen, so wie die Dschunke in Hongkong. Doch im Gegensatz zur Segel-Dschunke ist die Hamburger Barkasse nicht vom Aussterben bedroht.

Heute sind 150 Hamburger Hafenbarkassen erhalten, der Großteil in Hamburger Gewässern, aber auch verstreut nach Berlin, Cuxhaven, Hid-

Hamburger Hafenbarkassen im Binnenhafen am Baumwall NORDSEE V, MARTA, NORDSEE VI

densee und Holland. Ganze zehn stammen aus den 1910er Jahren und haben noch die stolzesten Dampfer der HAPAG und der Hamburg Süd erlebt. Mindestens 60 Hafenbarkassen waren es vor den Kriegsjahren. Sie wurden auf 30 verschiedenen Werften gebaut. Die meisten heute erhaltenen stammen von Albert Bonne aus Hamburg-Wilhelmsburg. Einige sind bis heute von Umbauten verschont, so wie die Barkasse META, Baujahr 1908, die, in den Händen der Stiftung Hamburg Maritim, als älteste original erhaltene Barkasse gilt. Als wahrscheinlich berühmteste darf sich HANSA II bezeichnen. Die Barkasse von 1918, nach wie vor im täglichen Rundfahrteinsatz beim Barkassenbetrieb Bülow, spielte 1943 in »Große Freiheit Nr. 7«, dem bekanntesten Film mit Hans Albers, eine Schlüsselrolle. Die zweite Albers-Filmbarkasse GROSSE FREIHEIT aus »Der Mann im Strom« von 1958 fährt heute in Wilhelmshaven.

Als geschichtsträchtigstes Hafenrundfahrtschiff gilt die VIKTORIA, die für Elbe Erlebnistörns fährt. 1901 als HERZOG FRIEDRICH bei Janssen & Schmilinsky auf derselben Werft wie die ehemalige Senatsbarkasse SCHAARHÖRN gebaut, ist sie zwar noch sieben Jahre älter als Hamburgs Salondampfer, aber von der alten Eleganz ist nicht viel übrig geblieben, zu viele Umbauten standen dem entgegen. Sie fuhr auf der Schlei, der Kieler Förde, als Erprobungsträger für Geheimanlagen und als Tender für das Schlachtschiff SCHARNHORST. Sie ist gesunken und wurde wieder gehoben, landete als Messboot bei der Bundesmarine, wurde dort ausgemustert und kam über Otterndorf, Duisburg und Ueckermünde zurück an ihren Bauort.

Das modernste Hafenrundfahrtschiff ist HUGO ABICHT, 2014 auf der Finkenwerder Behrenswerft gebaut. Wie alle neueren Schiffe ist sie erheblich breiter als die klassische Bauform.

In den letzten Jahrzehnten wurden die Sicherheitsbestimmungen für den Personentransport auf dem Wasser zunehmend verschärft. Die **HAMBURGER DEERN** gilt seit ihrem Umbau 1989 als erste Barkasse mit besonderer Sinksicherheit. Mittlerweile wurden auch einige der klassischen Hafenbarkassen in diesem Sinne verbreitert und damit stärker gesichert, nicht immer zum optischen Vorteil.

ST. GEORG das älteste Schiff in Hamburg, SIELBEK im Vordergrund

Das tatsächlich älteste Schiff unter den Barkassen und Kleinfähren schwimmt in Hamburg nicht auf der rauen Elbe, sondern auf der lieblicheren Alster. 1876 wurde die 20 Meter lange **ST. GEORG** an der Elbe auf der Reiherstiegwerft gebaut. Die **WINTERHUDE**, nur drei Jahre jünger, wurde 1998 in Mühlheim an der Ruhr wiederentdeckt. Nach Restaurierungsstationen in Peenemünde und Dresden ist sie wieder auf dem Sprung zum geplanten Einsatz in Hamburg. Die städtische ATG Alster-Touristik betreibt das Museumsschiff **AUE**, 1926 auf der Werft Johann Oelkers gebaut.

Die Tradition für Lustfahrten auf der Alster geht bis ins 15. Jahrhundert zurück; ein Verkehrsverbund von regelmäßigen Fährverbindungen besteht seit 1860. 1977 begann mit Gründung der ATG Alster-Touristik die vornehmlich touristische Ausrichtung, und 1984 wurde der Linienverkehr auf der Alster gänzlich eingestellt zugunsten von Rund- und Ausflugsfahrten.

Im Hafen gab es fünf Fährpächter, bevor 1888 die Hafendampfschiffahrts-Actien-Gesellschaft (HADAG) gegründet wurde und die Konzession von der Stadt erhielt. Seit 1967 ist die HADAG in den städtischen Verkehrsverbund integriert. Bereits im Jahr 1900 hatte sie mit den Raddampfern **UNION** und **HARMONIE** die Fahrt nach Finkenwerder übernommen. Neben den Fährdiensten im Hafen wurde so erstmals ein Wohnvorort regelmäßig angelaufen. Die Strecke nach Finkenwerder stellt heute die Hauptschlagader des Fährverkehrs dar. Andere Aktivitäten, wie Helgoland- oder Englandfährverkehr, Kreuzfahrt- oder Flugbetrieb nach Sylt, sind bereits Geschichte. Von den Hafenfähren und der Querung nach Harburg sind drei kurze Etappen nach Neuhof, Oderhöft und Steinwerder geblieben.

Ein Schiff mit Namen **HARMONIE** gibt es heute wieder, als Teil eines Bauprogramms, das seit 1997 das Rückgrat der HADAG-Flotte bildet.

HADAG-Fähre **TOLLERORT** Kurs Finkenwerder

Die anderen elf Schiffe des Typs 2000 sind nach Hamburger Orten und das letzte – als Krönung – HAMBURGENSIE benannt. Der Schiffstyp ermöglicht den Ein-mannfährbetrieb; warum er im Volksmund »Bügeleisen« genannt wird, erschließt sich schon mit dem ersten Blick auf die Schiffe.

Die vorher verwendeten HADAG-Typ II und III, seit 1952 über zehn Jahre gebaut, sind Klassiker gewor-den. Sechs Typschiffe, von ur-sprünglich 40, sind noch in Hamburg zu sehen: KIRCHDORF, BERGE-DORF und ALTENWERDER in Originalbemalung, GROSSER MICHEL, STADERSAND und TONNE in anderer Lackierung. Mehr als hier von diesen Schiffen findet man erstaunlicherweise in Lissabon. Am weitesten hat es die JUNGFERNSTIEG geschafft, 8.600 Kilometer entfernt liegt sie heute in Cozumel, Mexiko – 2007 gestrandet auf einem Riff.

Bei den Hafenrundfahrten kann man zwischen den geräumigen Schiffen sowohl der städtischen HADAG wie auch der privaten großen Rundfahrt-reedereien Abicht und Prüsse wählen. Die Elbreederei Rainer Abicht be-treibt mit der modernen LOUISIANA STAR im Stil der alten Mississippi-Raddampfer mit Platz für 500 Gäste das größte Rundfahrtschiff, gefolgt von der HAMBURG mit Platz für 388 Personen. Kapitän Heinrich Prüsse bietet mit seinem Flaggschiff MISSISSIPPI QUEEN Platz für 250 Gäste und Original-Heckradschaufelantrieb. Während Abicht mit zwei Dutzend Schiffen insgesamt die größere Flotte unterhält, betreibt Prüsse mit über 15 die meisten Traditionsbarkassen, vor allem seit Übernahme der gelb-schwarzen Max-Jens-Flotte. Der Familienbetrieb Harald Glitscher unterhält ebenso mehr als zehn traditionelle Barkassen. Bei der Barkassen-Centrale Ehlers, die es schon seit 1927 gibt, und die heute in vierter Generation ge-führt wird, liegen traditionelle und moderne Barkassen fast gleichauf. Barkassen-Meyer kaufte 1919 mit der PUDEL ihr erstes Boot und hat somit die längste Rundfahrttradition. Die ältesten Barkassen im täglichen Betrieb betreiben das alteingesessene ABC Altonaer BarkassenContor mit der ZUKUNFT und die erst 2007 gegründete Maritime Circle Line mit der NEW YORK, beide Jahrgang 1909.

Trotz der vielen Wasserstraßen gibt es in Hamburg bis heute kein Was-sertaxi. Die Idee existiert schon lange und sollte zur WM 2006 umgesetzt werden, es wurde aber keine Lizenz erteilt. Ein neuer Versuch ist ab 2015 geplant.

Im Dienst von Ordnung und Sicherheit
Schiffe, ohne die die Stadt am Wasser nicht auskommt

Polizei wie Feuerwehr, die Hafenbehörde, der Hafenkapitän und der Zoll, alle verfügen über eigene Boote. Die umfangreichste Flotte ist orangefarben und gehört zur Hamburg Port Authority. Sie sorgt mit Schuten, Greifer- und Eimerkettenbaggern, Prahmen und Barkassen dafür, dass zu Wasser alles reibungslos läuft.

Im wahrsten Sinne des Wortes herausragend ist die **WS 2 BÜRGER-MEISTER WEICHMANN**, die dem Wasserschutzpolizeikommissariat 1 in Waltershof unterstellt und für den Bereich Hamburg und Unterelbe bis St. Margarethen bei Brunsbüttel zuständig ist. Das fast 30 Meter lange Küstenstreifenboot mit 2.700 PS hat eine Reichweite von 400 Seemeilen und fährt mit einer Wache von bis zu zwölf Beamten und dem sechs Meter langen Tochterboot **WS 62** seit 1995 tagtäglichen Dienst. Bei verschiedenen Anlässen, spätestens zum Hafengeburtstag, trifft es die einzige Schwester **WS 1 BÜRGERMEISTER BRAUER**, Baujahr 1990, die trotz Heimathafen Hamburg in Cuxhaven stationiert ist und den anderen Teil der Unterelbe als Einsatzgebiet hat.

Bei den kleineren Dienstfahrzeugen, ob nun bei Wasserschutzpolizei mit insgesamt sechs Booten, bei Lotsen, Hafenkapitän oder HPA, dominieren in den letzten Jahren die Neubauten der Barthel-Werft in Derben an der Oberelbe. Davor teilten sich verschiedene Hamburger Werften die Aufträge.

Bei den Lotsen fahren zwei dieser eleganten Boote allen anderen im Hafen davon. Mit 22 Knoten (etwa 40 km/h) hält **LOTSE 3** seit 2008 den Rekord im Hafen und ist schneller als die Hafenpolizeistreifenboote derselben Größe. Erst seit 2013 hat die Wasserschutzpolizei kleine Festrumpfschlauchboote, die auch auf 65 km/h beschleunigen können, um schnelle Sportboote besser kontrollieren zu können.

Von den im öffentlichen Dienst Eingesetzten sind der als Eisbrecher gebaute Schlepper **JOHANNES**

WS 2 BÜRGERMEISTER WEICH-MANN holt sein Tochterboot an Bord

Orangefarbener Schleppverband der HPA mit Tonnen im Eiswinter 2010

DALMANN und die OTTO HÖCH die Senioren, beide Jahrgang 1959, für das Amt für Strom- und Hafenbau (heute Hamburg Port Authority) unterwegs. Die HPA hat ihren Sitz am Hansahafen, dort liegt auch der größte Teil der Flotte. Die zumeist orangefarbenen Schiffe, Boote und schwimmenden Arbeitsgeräte sind aber auch in Finkenwerder und im Rugenberger Hafen in Waltershof zu finden. Neben den Baggerschuten und Mehrzweckprahmen fallen vor allem die zumeist blinkenden und seltsam quer fahrenden Peilschiffe der DEEPENSCHRIEWER-Familie auf, die per Echolot die Solltiefen überwachen. Ebenso auffällig sind die Spezialschiffe BRÜCKENKIEKER und BRÜCKENPRÜFER – hier ist der Name Programm, sie prüfen mit Hebebühne Brücken und darunter befindliche Leitungen. Insbesondere die 500 Erdgasleitungen unterhalb der 2.228 Hamburger Brücken müssen regelmäßig geprüft werden.

Deutschlands ältestes Behördenschiff, das Bereisungsschiff EMS, Baujahr 1934, war noch 2010 in Hamburg, ist mittlerweile aber einem Traditionsschiffverein übergeben worden.

Neben der HPA verfügen Carl Robert Eckelmann und Arnold Ritscher über die größten Flotten schwimmenden Geräts im Hamburger Hafen. Carl Robert Eckelmann, gegründet 1865, befindet sich heute in fünfter Generation in Familienhand und betreibt neben Schleppern, Schubbooten und Tankschiffen eine Flotte von über 100 Trockenleichtern. Arnold Ritscher, seit 1921 mit eigener Firma Teil eines älteren Hafengeschlechts, betreibt Klappschuten und über 70 Pontons, die für Events gemietet werden können, ob nun auf der Binnenalster der traditionelle Weihnachtsbaum gestellt werden muss oder auf der Elbe ein Feuerwerk installiert werden soll.

Bei der wasserseitigen Logistik im Hamburger Hafen sind sowohl Walter Lauk als auch die Deutsche Binnenreederei mit ihren Leichtern und Prahmen aktiv. Im Bereich Wasserbau gibt es neben HPA und Hinrich K.P. Vogler Wasserbau seit 1950 im größeren Rahmen die Firma Josef Möbius. Sie hat mit einer Vielzahl von Wasserbaggergeräten ihre technische Basis am Eversween beim südlichen Reiherstieg und ist heute ein Tochterunternehmen der STRABAG Wasserbau-GmbH.

Baggerschiffe
Mit Schaufel und Rüssel

Auch ohne die großen Elbvertiefungsprojekte ist ein tägliches Baggern in der Elbe für die Großschifffahrt unerlässlich. Der Strom bildet kein glattes Bett, sondern ist eine vielschichtige Unterwasserlandschaft mit Untiefen und Kuppen. Durch das Fließen in zwei Richtungen und rotierende Schiffsschrauben werden ständig Sedimente aufgewühlt, die sich an anderer Stelle und insbesondere in stehenden Hafenbecken absetzen. Beim genaueren Blick auf das Wasser, dort, wo der Himmel sich nicht spiegelt, kann man die im Wasser schwebenden Sedimente deutlich erkennen.

Gebaggert wird vor allem im Winterhalbjahr. Dann ist der Sauerstoffgehalt hoch genug, und die Fischbestände sind eher in der Ruhephase. Neben den orangefarbenen Eimerkettenbaggern der Hamburg Port Authority sind sogenannte Laderaumsaugbagger regelmäßig auf der Elbe zu Besuch. Das Geschäft liegt zumeist in holländischer Hand. Stammgast in Hamburg ist der Bagger IJSSELDELTA mit seinem Heimathafen Zwolle. 1978 gebaut, kann er bei 82 Meter Länge und zwölf Meter Breite 2.000 Kubikmeter Baggergut aus einer Tiefe von bis zu 34 Metern aufnehmen. Gebaggert wird mit einem sogenannten Schneidkopf, der an einem massiven Rohrgestänge seitlich am Schiff zu Wasser gelassen wird und den Boden entlangfräst. Bitte nicht wundern, wenn mit dem Schiff voll abgeladen scheinbar etwas nicht stimmt. Dann kann es sein, dass das Deck sogar von den Wellen überspült wird. Es sieht aus wie kurz vorm Untergang. Der kommt aber nicht. Das Schiff ist elbab unterwegs, auf dem Weg bis zu der Stelle, an der das Baggergemisch über die Düse am Bug wieder hinausgepumpt wird.

AMAZONE, SHOALWAY und HEIN gehören zum Ensemble der regelmäßig wiederkehrenden Baggerschiffe. Für größere Ladungen tauchten in den letzten Jahren ALEXANDER VON HUMBOLDT und BARTOLOMEU DIAS des belgischen Familienunternehmens Jan De Nul auf oder GEOPOTES 15 und HAM 317 des niederländischen Wasserbauunternehmens Van Oord.

Einen Blick in die Historie gewährt WILHELM KRÜGER, der bislang alle paar Jahre einmal zu Reparaturbesuchen nach Hamburg kam. Seit 2015 wird der 1940 in Lübeck gebaute Bagger jedoch auch regelmäßig in Hamburg eingesetzt. Sein langes Leben beschert ihm wahrscheinlich sein spezielles Hecksaugrohr, das ihn für die Ausbaggerung im engen Nord-Ostsee-Kanal prädestiniert. Mit Baujahr 1943 kann der in Duisburg gebaute Spülbagger AKKE ein ähnliches Alter vorweisen, er kommt von Wilhelmshaven aus regelmäßig nach Hamburg.

Die schwimmenden Museen

Von Seglern und Dampfern

Um die ältesten Schiffe der Welt zu sehen, muss man nach Gizeh, Stockholm, Portsmouth oder nach San Diego reisen, zum Sonnenschiff des Cheops, zur **VASA**, **VICTORY** oder **MIDWAY**. Hamburg bietet dafür aber eine Vielfalt aus unterschiedlichen historischen Schifffahrtswelten. Nicht vergessen sollte man dabei die vielfältigen Sammlungen und Präsentationen in den Hamburger Museen. Das Museum für Hamburgische Geschichte, das Altonaer Museum und das Museum der Arbeit sowie die BallinStadt bieten Teilaspekte von Schifffahrts- und Hafenthemen. Das Internationale Maritime Museum hat sich dem Thema Schiff ganz verschrieben, mit einem Horizont weit über Hamburger Geschichte hinaus.

Unmittelbar am Wasser gibt es fünf museale Orte. An den Landungsbrücken grüßen **RICKMER RICKMERS** und **CAP SAN DIEGO**, auch das rote Feuerschiff **LV 13** bietet neben seiner Gastronomie reichlich museales Flair. Elbab Richtung Altona am St. Pauli Fischmarkt lädt **U-434** zum Abtauchen ein. Der Museumshafen Oevelgönne lockt mit insgesamt zwei

Parade der Hamburger Traditionsschiffe am 28. September 2013 mit ELBE 3, CLAUS D, HETI, ELBE, TIGER, FAIRPLAY VIII

Dutzend Museumsschiffen, darunter der Dampf-Eisbrecher STETTIN, das Feuerschiff ELBE 3, der Schwimmkran FRIEDRICH STEEN – HHLA I, die drei Dampfschlepper CLAUS D., TIGER und WOLTMANN, der Hochseekutter PRÄSIDENT FREIHERR VON MALTZAHN und die Restaurantfähre BERGEDORF, um nur einige zu nennen.

Weniger zentral und etwas ruhiger ist es im Finkenwerder Kutterhafen. Dort liegen die Schiffe des Finkenwärder Gaffel-Consortiums, die Zwei-Mast-Ewer DIE VERÄNDERUNG und FRIEDA sowie die alte HADAG-Fähre ALTENWERDER.

Auf dem kleinen Grasbrook inmitten des Hafens befindet sich das Hafenmuseum, als Außenstelle des Museums der Arbeit mit der BLEICHEN und der HILLE. Beide stehen neben weiteren Schuten und einem Schutensauger für die Nachkriegsentwicklung im Hafen. Im neuen Hamburger Traditionsschiffhafen finden sich, wie in einem Wohnzimmer umgeben von moderner Städtearchitektur, unter anderem mit der SCHAARHÖRN und der NO. 5 ELBE zwei weiße Vorzeigestücke der Stiftung Hamburg Maritime. Ebenfalls weiß und auf den ersten Blick unscheinbar im City Sporthafen liegt mit der VICTOR auch eine Art Hausboot, wenn der 1934

Traditionsschiffhafen mit Gästen GREUNDIEK (1950) und EUROPA (1911)

in Belgien gebaute Frachtkahn nicht gerade auf den Flüssen Europas unterwegs ist. Das amphibische Hamburg lädt geradezu ein, auf dem Wasser zu wohnen; doch um weitere Hausboote zu entdecken, muss man schon in den Kanälen zwischen Alster und Bille, an der Elbe außerhalb des ehemaligen Freihafengeländes oder im Harburger Binnenhafen auf die Suche gehen.

Insbesondere im Binnenhafen an der Süderelbe findet man ein besonderes Ambiente, durch eine Schleuse wird der Wasserpegel konstant und gewissermaßen zum Greifen nahe gehalten. Hier liegt zu Wasser unter anderem das ehemalige Seebäderschiff SEUTE DEERN.

Die CAP SAN DIEGO liegt seit 1990 wie selbstverständlich an der Überseebrücke. Sie ist aufgrund verschiedenster Aspekte ein besonderes Museumsschiff und außergewöhnlicher Glücksfall für das maritime Hamburg. Im Gegensatz zur benachbarten RICKMER RICKMERS wurde das Schiff in Hamburg erbaut und war über 20 Jahre für die Reederei Hamburg Süd im Einsatz. Die Wertschätzung des Schiffes war innerhalb der Reederei bis heute so groß, dass der Traditionsname CAP SAN DIEGO nicht erneut vergeben wurde. Das Design des Architekten Cäsar Pinnau an Bord dieses Schiffes ist ästhetischer Höhepunkt innerhalb der Alltagstransportkultur. Die CAP SAN DIEGO ist das größte Museumsfrachtschiff der Welt mit einer seetüchtigen Betriebszulassung. Wenn sie im Hafen liegt, kann man sich sowohl ein lebendiges Bild vom Bordalltag vor dem Containerzeitalter verschaffen als auch in einem der acht Hotelzimmer mit maximalem maritimem Flair übernachten. An einigen Tagen im Jahr verlässt sie ihren Standort an den Landungsbrücken und geht auf Tour – diese Reisen sind heiß begehrt und man sollte rechtzeitig buchen.

Mit der BLEICHEN, die 2007 aus eigener Kraft von Istanbul nach Hamburg kam, bleibt im Hafenmuseum in Hamburg eines der letzten Drei-Insel-Schiffe (Bug + Brücke + Heck mit Schornstein erhöht) erhalten. Als das Schiff 1958 in Rendsburg gebaut wurde, war dieses Design bereits weitestgehend außer Mode gekommen. In Hamburg war 1999 die MAS-

TER PETROS das letzte Schiff dieser Art. Als Zwei-Insel-Schiff (Deckshaus + Schornstein separat erhöht) erlebt die Grundidee bei Großcontainerschiffen eine moderne Renaissance. Mit der CMA CGM CHRISTOPHE COLOMB kam 2010 das erste Schiff dieser Art nach Hamburg.

Die HILLE, in der Nachbarschaft der BLEICHEN zu finden, ist eines der letzten KüMos. 1961 wurde sie auf der Sietas-Werft gebaut und war als THOMAS M bis 1993 aktiv in der Frachtfahrt.

MARE FRISIUM ist Hamburgs Segler vom Dienst und scheint auf der Elbe allgegenwärtig zu sein. Obwohl mit Heimathafen Harlingen und niederländischer Flagge unterwegs, hat der Dreimasttopsegelschoner seit 1995 an der Elbe seine zweite Heimat gefunden.

Hafenmuseum mit Dauergästen HILLE (1961) und BLEICHEN (1958)

Als ehemaliger Fischereilogger und Frachtsegler mit Baujahr 1916 steht ihm trotz des frischen Aussehens bald der 100-jährige Geburtstag ins Haus. Mit Platz für 90 Tagesgäste unter 634 Quadratmetern Segelfläche ist es das größte fahrende Segelschiff, das in Hamburg ständiger Gast ist. Die RICKMER RICKMERS, Baujahr 1896, würde es zum Vergleich auf 3.500 Quadratmeter bringen, stand aber 1958 das letzte Mal unter vollen Segeln.

Der Lotsenschoner NO. 5 ELBE folgt der MARE FRISIUM mit 360 Quadratmetern weißen Segeln auf Platz zwei. Er verkörpert ein großes Stück Hamburger Schifffahrtsgeschichte. 1883 wurde er auf der Stülcken-Werft gebaut, gegenüber der Überseebrücke, wo sich heute die Musicaltheater drängeln. Er war der fünfte von insgesamt elf Lotsenschonern auf der Elbe. Nach 40 Jahren wurde das Schiff ausgemustert und hat, umbenannt in WANDERBIRD, mit vielen Atlantiküberquerungen, Umrundungen von Kap Hoorn und Reisen bis Tahiti die

Lotsenschoner NO. 5 ELBE (1883)

STETTIN (1930) bis oben begehbar

weite Welt gesehen. 2002 wurde er aus Seattle nach Hamburg zurückgeholt und durch die Werft Jugend in Arbeit aufwendig restauriert.

Wenn die KRUZENSHTERN zum Hafengeburtstag nach Hamburg kommt, ist mit der ehemaligen PADUA für kurze Zeit einer der viel besungenen Hamborger Veermaster zu Gast. Insgesamt gibt es heute noch drei der acht letzten großen sogenannten Flying P-Liner. Diese ehemaligen Schiffe der Reederei F. Laeisz verkörpern Hamburger Schifffahrtsgeschichte in vielfältigen Aspekten. Die PASSAT liegt in Travemünde als festes Wahrzeichen der Stadt. Zu haben ist noch die PEKING, aus dem New Yorker South Street Seaport Museum müsste sie nach Hamburg geholt werden. Wenn Finanzierung, Überführung und Restaurierung gelingen, wird sie im Hafenmuseum einen gebührenden Platz bekommen.

Die Hamburger Dampfschifffahrt ist heute ein sehr rares Phänomen. Es gibt genau fünf Schiffe dieser Art, die auf der Elbe in Hamburg ihre Heimat gefunden haben. Der Eisbrecher STETTIN von 1930 ist in Neumühlen kaum zu übersehen, ein wuchtiges Schiff, das von einer 2.000 PS leistenden 3-Zylinder-Dreifach-Expansions-Dampfmaschine angetrieben wird. Die STETTIN darf sich der größte fahrfähige kohlebefeuerte Dampfeisbrecher der Welt nennen. Ein paar größere und ältere dieser Art liegen bereits fest.

Von den einstmals vielen Dampfschleppern, die bis in die 1950er und 1960er Jahre das Bild im Hafen und auch die Luft prägten, ist WOLTMANN der Senior, 1904 wurde er gebaut. Er wurde elbauf in Roßlau bei den Gebrüdern Sachsenberg abgeliefert. CLAUS D. und TIGER stehen für Hamburger Originale von Janssen & Schmilinsky, der Großwerft für kleine Dampfschiffe im Hafen, heute Teil des Geländes von Blohm+Voss. Mit dem regelmäßig zu Besuch kommenden Flusseisbrecher ELBE, von Gebrüdern Wiemann aus Brandenburg, bleibt eine weitere große Dampfferwerft-Tradition in Hamburg präsent.

Die unbestrittene Dampferhauptstadt Deutschlands ist Dresden. Neun

Raddampfer fahren dort noch. Mit der STADT WEHLEN, Baujahr 1879, gehört das älteste aktive Schiff seiner Art dazu. Auf der DIESBAR kommt nach wie vor die weltweit älteste Raddampfermaschine zum Einsatz. Das Fabrikat der Marke John Penn stammt aus dem Jahr 1841. 1996 war mit dem Besuch der KRIPPEN zum ersten Mal die Dresdner Raddampfertradition in der Partnerstadt Hamburg zu Gast. KAISER WILHELM, der in Dresden gebaute und in Lauenburg liegende Raddampfer, fuhr bis 1986 regelmäßig zum Anleger Norderelbbrücken. Mit Abbruch dieser Anlage wurde die Reisen bis Hoopte vor die Tore der Stadt verkürzt.

Die SCHAARHÖRN wurde 1908 durch die Stadt Hamburg als Peildampfer und Repräsentationsschiff

SCHAARHÖRN (1908) gibt Signal

in Dienst gestellt, war Hilfsminensuchschiff im Ersten Weltkrieg, Flüchtlingsschiff im Zweiten Weltkrieg, zunächst in Cuxhaven im ursprünglichen Dienst, nach Ausmusterung Restaurantschiff in Newcastle upon Tyne. 1990 durch Hamburger Kaufleute zurückerworben, wurde sie 1993 als erstes Schiff in die Hamburger Denkmalliste aufgenommen.

Wer ungeschriebene Schiffs- und Hafengeschichte erleben will, dem seien Touren jenseits der Landungsbrücken und Museen empfohlen. Im Oderhafen, Travehafen und Spreehafen gibt es reichlich schwimmende Objekte, die vielleicht auch schon zu Kaiser Zeiten dort lagen. Auch im Rugenberger Hafen, im Roßhafen, im Südlichen Reiherstieg wie an der Norderelbe hinter den Elbbrücken, über Entenwerder bis hinein in die Bille gibt es alte Binnenschiffe, Barkassen und Schlepper.

Museumsschiffe anderen Zuschnitts sind die sogenannten Tuckerboote. Das Blubbern des Kühlwassers, das durch den Auspuff abläuft, gab ihnen den Namen. Es sind ehemalige Rettungs- oder Arbeitsboote aus Holz oder Stahl. Den kleinen Booten wird die echte Pflege von Liebhaberstücken zuteil. Ihren Heimathafen haben sie zumeist in Teufelsbrück und Blankenese. Seit 1985 gibt es beim Blankeneser Segelclub (BSC) eine ganze Flotte.

Großes Feuerschifftreffen am 19. Juni 2008: ELBE 3 und ELBE 1

Feuerschiffe
Manchmal kommen sie alle

Hamburg hat gleich zwei ehemalige Feuerschiffe an seinen Brücken liegen. LV 13 kam durch das Engagement eines Hamburger Kapitäns auf die Elbe und liegt seit 1993 fest im City Sporthafen Hamburg verankert. Das britische Feuerschiff mit Baujahr 1952 dient als Restaurant und Eventlocation mit viel Atmosphäre.

ELBE 3 ist sogar noch fahrtüchtig. 1888 nahe Bremen gebaut, war das Schiff zuerst auf der Weser verankert und wechselte 1966 an diejenige Position weit draußen in der Mündung der Elbe, die für die Schifffahrt den Eingang aus der Deutschen Bucht in den Fluss markiert. Nach nur zwölf Jahren Dienst wurde die Position durch eine Leuchttonne besetzt. Das Schiff konnte durch einen Förderverein als Museumsschiff erhalten werden und hat 1980 in Oevelgönne eine neue Heimat gefunden als wahrscheinlich ältestes fahrtüchtiges Feuerschiff weltweit.

Richtig spannend wird es, wenn von den ehemals 73 Feuerschiffen an der deutschen Küste die anderen ebenfalls noch erhaltenen zum Treffen nach Hamburg kommen. BÜRGERMEISTER O'SWALD II – ELBE 1, Baujahr 1948, kommt regelmäßig zum Hafengeburtstag zu Besuch und ist das größte deutsche Feuerschiff. Im Juni 2008 kam auch das Lübecker Feuerschiff FEHMARNBELT zu seinem 100-jährigen Jubiläum nach Hamburg. Die anderen Feuerschiffe an der norddeutschen Küste sind leider für Reisen verhindert: Das Emdener Feuerschiff hat 2007 seine Fahrerlaubnis verloren. Ein anderes liegt seit 1989 fest auf Borkum. Das Wilhelmshavener wurde 1981 außer Dienst gestellt. Die ältere ELBE 3 liegt seit 1967 im Deutschen Schiffahrtsmuseum in Bremerhaven.

Fünf Feuerschiffe sind wegen ihrer robusten Rümpfe als umgebaute Segelschiffe erhalten. Die blaue holländische Dreimastbarkentine ATLANTIS lässt in ihrer Form vielleicht erahnen, dass es sich um die ehemalige BÜRGERMEISTER BARTELS – ELBE 2 – von anno 1905 handelt. Sie ist wie die ELBE 1 zuverlässiger Hafengeburtstagsgast. Dann kann es passieren, dass die drei ehemaligen Elbe-Feuerschiffe so dicht beieinanderschwimmen, wie sie es in Einsatzzeiten nie vermochten.

Eines ist allen gemein: Es dürfte sich wohl um die gefährlichste Schiffsklasse weltweit handeln. Als Fahrmarkierung wurden sie weit öfter gerammt oder gar versenkt als manch anderes Schiff. Der Dienst an Bord war einfach, eintönig – und auch noch lebensgefährlich.

U-434 kommt mit Schlepperhilfe am 17. August 2002 direkt aus Murmansk

U-Boot
Eins gibt es

Hamburg war geschichtlich gesehen ein bedeutender U-Boot-Bauort. Ein Drittel der über 1.100 Einheiten umfassenden deutschen U-Boot-Flotte während des Zweiten Weltkriegs wurde an der Elbe gebaut. Auf Steinwerder und Finkenwerder entstanden mit dem Typ XXI auch die größten und dem Walter-Typ XVIIB auch die drei modernsten ihrer Art. Von den beiden realisierten U-Boot-Bunkern in Hamburg sind noch Reste des FINK II im Rüschkanal unmittelbar an der Airbus-Startbahn sichtbar. Auf dem Bunker ELBE II im 2003 zugespülten Vulkanhafen befinden sich heute Stellflächen des Container-Terminals Tollerort.

Zwei Hamburger U-Boote sind noch erhalten, wenn auch nicht hier vor Ort: U-995 in Laboe und U-2540 unter dem Namen WILHELM BAUER im Deutschen Schiffahrtsmuseum Bremerhaven.

Hamburg hat ein ehemals sowjetisches, in Russland gebautes U-Boot zu bieten. Am 17. August 2002 kam U-434 mit Schlepperhilfe, auf Initiative eines Dresdner Unternehmers, direkt aus Murmansk nach Hamburg. Es gehört mit 90 Meter Länge bei 8,60 Meter Breite zu den größten dieselbetriebenen U-Boot-Typen, die jemals gebaut wurden. Von der NATO wurde der Typ 641B, zu dem es gehört, Tango genannt und gehörte mit 18 Exemplaren zu einer vergleichsweise kleinen Baureihe. In Zeiten des Kalten Krieges führte es vom Nordmeer aus Patrouillenfahrten im Mittelmeer und bis nach Havanna durch.

Hafengeburtstag 2011 – Mastenwald an den Landungsbrücken mit SEDOV, MIR, DAR MLODZIEZY und KRUZENSHTERN

Der Hafengeburtstag
Fest und Alltag kommen zusammen

Gerade in den letzten Jahren wurde die organisatorische Verbindung von Kreuzfahrtanläufen, Segelschiff- und Marinebesuchern immer mehr perfektioniert. Kaum ein Ereignis weltweit verbindet so viele unterschiedliche Schifffahrtswelten. Denn auch der Alltag der ein- und auslaufenden Frachtschiffe gehört am ersten Maiwochenende jeden Jahres zum Fest dazu. Neben dem Hamburger musealen Schiffsbestand schippern viele Veteranenkollegen von Weser und Ostsee herbei. Obligatorisch vertreten sind die deutsche Marine, die Küstenwache und der Zoll ebenso wie auch dänische Nachbarn und Vertreter der Seestreitkräfte der westlichen Nachbarländer. Die zahlenmäßig größte Flotte stellen allerdings seit einigen Jahren die niederländischen Segelschiffe, allesamt bereit, Gäste aufzunehmen.

Auch das älteste fahrtüchtige Schiff Deutschlands, Baujahr 1853, kommt dann regelmäßig nach Hamburg: die RIGMOR von Glückstadt. Sie ist weder besonders groß noch spektakulär anzuschauen, aber eben die Älteste weit und breit hierzulande. Noch älter wären Koggen, von ihnen kamen immerhin Nachbauten: UBENA VON BREMEN ist seit 2009 der beständigste Gast der drei. 2007 war es die WISSEMARA, der Poeler Nachbau einer baltischen Kogge von 1354.

Über 60 große schwimmende Gäste kommen zum Hafengeburtstag zu Besuch und ergeben zusammen mit den Hamburger Schiffen einen Konvoi von über 100 Schiffen und noch weit mehr kleinen Barkassen und Booten.

Mit den seit 2008 alle zwei Jahre stattfindenden Cruise Days und dem Blue Port Hamburg hat das Hafengeburtstagsfest im Mai eine Ergänzung im Spätsommer bekommen.

100 Schiffe, die man in Hamburg sehen kann
Register

L = Länge (aufgerundet); **B** = Breite; **T** = Tiefgang (zugelassener Maximaltiefgang) in **m** = Meter. **TFU** = Twenty-foot eqivalent unit (20-Fuß-Container = 6,058 m lang); Schiffsraum in **BRZ** = Bruttoraumzahl. Dienstgeschwindigkeit in **kn** = Knoten (Seemeilen pro Stunde entspricht 1,852 km/h).

AIDADIVA Genova, ITA. L 252; B 32,2; T 7,2 m. 69.203 BRZ. 21,0 kn schnell. 2.050 Passagiere. 2007 gebaut. Eigner: AIDA CRUISES. Seit 2007 in Hamburg.

AIGRAN D Rotterdam, NLD. L 127; B 19,0; T 7,8 m. 6.875 BRZ. 13,0 kn schnell. 16.860 m3 Laderaumkapazität. 1997 gebaut. Eigner: MARITIME PERFORMANCES. Seit 2004 in Hamburg.

ARKLOW ROSE Arklow , IRL. L 90; B 14,0; T 5,7 m. 2.999 BRZ. 11,5 kn schnell. 5.926 m3 Laderaumkapazität. 2002 gebaut. Eigner: ARKLOW SHIPPING NEDERLAND. Seit 2002 in Hamburg.

ASTERODE Hamburg. L 85; B 9,6; T 3,3 m. 1.882 to Tragfähigkeit. 10,8 kn schnell. 2013 gebaut. Eigner: FLUVIA TANKRODE. Seit 2013 in Hamburg.

ATLANTIC CARTIER Göteborg, SWE. L 292; B 32,4; T 11,6 m. 58.358 BRZ. 17,5 kn schnell. 2.908 TEU. 1985 gebaut. Eigner: ATLANTIC CONTAINER LINE. Seit 1991 in Hamburg.

BALTIC KLIPPER Monrovia. L 165; B 25,0; T 10,1 m. 14.091 BRZ. 23,2 kn schnell. 17.853 m³ Laderaumkapazität. 2010 gebaut. Eigner: SEATRADE GRONINGEN. Seit 2011 in Hamburg.

BERGEDORF Hamburg. L 30; B 8,2; T 3,2 m. 299 BRZ. 10,0 kn schnell. 1955 gebaut. Eigner: MUSEUMSHAFEN OEVELGÖNNE. Seit 1955 in Hamburg.

BERNHARD BURMESTER Luxembourg. L 80; B 9,0; T 2,7 m. 1.284 to Tragfähigkeit. 1.943 m³ Laderaumkapazität. 1973 gebaut. Eigner: BURMESTER LUXEMBOURG. Seit 1973 in Hamburg.

BLEICHEN Hamburg. L 93; B 12,4; T 5,6 m. 2.140 BRZ. 12,0 kn schnell. 4.323 m³ Laderaumkapazität. 1958 gebaut. Eigner: STIFTUNG HAMBURG MARITIM/HAFENMUSEUM HAMBURG. Seit 1958 in Hamburg.

BORUSSIA DORTMUND Limassol, CYP. L 121; B 18,5; T 6,7 m. 6.362 BRZ. 16,5 kn schnell 700 TEU. 1998 gebaut. Eigner: RUDOLF SCHEPERS REEDEREI. Seit 1998 in Hamburg.

BRITISH ESTEEM London. L 183; B 27,3; T 10,9 m. 23.235 BRZ. 15,0 kn schnell. 42.254 m³ Laderaumkapazität. 2003 gebaut. Eigner: BP SHIPPING. Seit 2003 in Hamburg.

BUGSIER 10 Hamburg. L 32; B 12,0; T 6,1 m. 485 BRZ. 14,0 kn schnell. 86 to Pfahlzug. 2009 gebaut. Eigner: BUGSIER-REEDEREI. Seit 2009 in Hamburg.

BÜRGERMEISTER WEICHMANN Hamburg. L 30; B 6,4; T 2,0 m. 140 BRZ. 23,0 kn schnell. 1995 gebaut. Eigner: WASSERSCHUTZPOLIZEI HAMBURG. Seit 1995 in Hamburg.

CAP SAN DIEGO Hamburg. L 159; B 21,5; T 8,5 m. 9.998 BRZ. 19,0 kn schnell. 8.550 m³ Laderaumkapazität. 1962 gebaut. Eigner: CAP SAN DIEGO BETRIEBSGESELLSCHAFT. Seit 1962 in Hamburg.

CAP SAN LORENZO Luxembourg. L 333; B 48,2; T 13,5 m. 118.938 BRZ. 21,0 kn schnell. 9.814 TEU. 2013 gebaut. Eigner: HAMBURG SÜD. Seit 2014 in Hamburg.

CAROLIN G St. John's, Antigua. L 89; B 12,6; T 5,4 m. 2.545 BRZ. 12,5 kn schnell. 5.250 m³ Laderaumkapazität. 2008 gebaut. Eigner: GERDES BEREEDERUNG. Seit 2008 in Hamburg.

CITY OF HAMBURG Marseille, FRA. L 127; B 20,6; T 5,5 m. 15.643 BRZ. 19,0 kn schnell. 2008 gebaut. Eigner: LOUIS DREYFUS ARMATEURS/HÖEGH & CO. Seit 2009 in Hamburg.

CITY OF LUTECE Valletta, MLT. L 118; B 18,3; T 6,0 m. 8.238 BRZ. 16,0 kn schnell. 1.000 Autos. 1981 gebaut. Eigner: ABOU MERHI SHIP MANAGEMENT. Seit 2000 in Hamburg.

CLAUS D Hamburg. L 18; B 5,3; T 2,0 m. 9,0 kn schnell. 1913 gebaut. Eigner: MUSEUMSHAFEN OEVELGÖNNE. Seit 1913 in Hamburg.

CMA CGM MARCO POLO London. L 396; B 53,6; T 16,0 m. 175.343 BRZ. 25,1 kn schnell. 16.022 TEU. 2012 gebaut. Eigner: CMA CGM. Seit 2012 in Hamburg.

COSCO NETHERLANDS Hong Kong. L 366; B 51,2; T 15,5 m. 153.666 BRZ. 24,3 kn schnell. 13.350 TEU. 2013 gebaut. Eigner: COSCO CONTAINER LINES. Seit 2014 in Hamburg.

COSTA NEOROMANTICA Genova, ITA. L 221; B 30,8; T 7,6 m. 56.769 BRZ. 19,8 kn schnell. 1.680 Passagiere. 1993 gebaut. Eigner: COSTA CROCIERE. Seit 2012 in Hamburg.

CSCL GLOBE Hongkong. L 400; B 58,6; T 16,1 m. 187.541 BRZ. 25,1 kn schnell. 19.100 TEU. 2014 gebaut. Eigner: CHINA SHIPPING CONTAINER LINE. Seit 2015 in Hamburg.

DEEPENSCHRIEWER III Hamburg. L 17; B 4,9; T 1,4 m. 8,0 kn schnell. 1988 gebaut. Eigner: HAMBURG PORT AUTHORITY. Seit 1988 in Hamburg.

DETTMER TANK 179 Bremen. L 100; B 9,5; T 3,3 m. 2.047 to Tragfähigkeit. 2009 gebaut. Eigner: B. DETTMER REEDEREI. Seit 2008 in Hamburg.

DIDE Hamburg. L 39; B 6,9; T 2,1 m. 207 BRZ. 7,0 kn schnell. 1901 gebaut. Eigner: KRISTIAN DIETZE. Seit 1975 in Hamburg.

DIVINE ACE Panama. L 200; B 32,2; T 9,8 m. 59.022 BRZ. 18,4 kn schnell. 6.163 Autos. 2013 gebaut. Eigner: MITSUI OSK LINES. Seit 2013 in Hamburg.

EEBORG Delfzijl, NLD. L 145; B 15,9; T 8,0 m. 7.680 BRZ. 13,7 kn schnell. 14.828 m³ Laderaumkapazität. 2012 gebaut. Eigner: WAGENBORG SHIPPING. Seit 2012 in Hamburg.

ELBE 3 Hamburg. L 45; B 7,2; T 4,0 m. 1888 gebaut. Eigner: MUSEUMSHAFEN OEVELGÖNNE. Seit 1979 in Hamburg.

ELEONORA MÆRSK Svendborg, DNK. L 398; B 56,4; T 16,0 m. 170.794 BRZ. 24,5 kn schnell. 15.550 TEU. 2007 gebaut. Eigner: MÆRSK LINE. Seit 2014 in Hamburg.

ELVSTINT CUX 25 Cuxhaven. L 19; B 5,4; T 2,1 m. 49 BRZ. 1963 gebaut. Eigner: JENS STOEF. Seit 2009 in Hamburg.

EUROPA Nassau, Bahamas. L 199; B 24,0; T 6,1 m. 28.890 BRZ. 21,0 kn schnell. 408 Passagiere. 1999 gebaut. Eigner: HAPAG-LLOYD KREUZFAHRTEN. Seit 1999 in Hamburg.

FAIRPLAY X Hamburg. L 25; B 11,2; T 5,3 m. 308 BRZ. 12,3 kn schnell. 60 to Pfahlzug. 2009 gebaut. Eigner: FAIRPLAY BORCHARD. Seit 2009 in Hamburg.

FJORD ONE Göteborg, SWE. L 69; B 10,0; T 3,7 m. 826 BRZ. 12,0 kn schnell. 2003 gebaut. Eigner: FJORDTANK REDERI. Seit 2008 in Hamburg.

FRAM Narvik, NOR. L 114; B 26,9; T 5,1 m. 11.647 BRZ. 15,0 kn schnell. 500 Passagiere. 2007 gebaut. Eigner: HURTIGRUTEN GROUP. Seit 2007 in Hamburg.

GRANDE AMERICA Palermo, ITA. L 214; B 32,3; T 9,7 m. 56.642 BRZ. 18,5 kn schnell. 1.321 TEU und 3.515 Autos. 1997 gebaut. Eigner: GRIMALDI GROUP. Seit 1997 in Hamburg.

GREUNDIEK Stade. L 46; B 7,6; T 3,3 m. 349 BRZ. 9,0 kn schnell. 715 m³ Laderaumkapazität. 1950 gebaut. Eigner: ALTER HAFEN STADE. Seit 1985 in Hamburg.

HAFENKAPITÄN Hamburg. L 19; B 5,1; T 1,5 m. 13,0 kn schnell. 2012 gebaut. Eigner: HAMBURG PORT AUTHORITY. Seit 2012 in Hamburg.

HALUNDER JET Hamburg. L 51; B 12,3; T 2,5 m. 910 BRZ. 36,5 kn schnell. 587 Passagiere. 2003 gebaut. Eigner: FÖRDE REEDEREI SEETOURISTIK. Seit 2003 in Hamburg.

HAMBURG EXPRESS Hamburg. L 367; B 48,2; T 15,5 m. 142.295 BRZ. 24,6 kn schnell. 13.169 TEU. 2012 gebaut. Eigner: HAPAG-LLOYD. Seit 2012 in Hamburg.

HAMBURGER DEERN Hamburg. L 35; B 5,7 m. 120 Passagiere. 1905 gebaut. Eigner: BARKASSEN-MEYER. Seit 1989 in Hamburg.

HANSA II Hamburg. L 15; B 3,3; T 0,9 m. 51 Passagiere. 1918 gebaut. Eigner: BARKASSENBETRIEB BÜLOW. Seit 1918 in Hamburg.

HARMONIE Hamburg. L 30; B 8,2; T 1,7 m. 12,0 kn schnell. 250 Passagiere. 2001 gebaut. Eigner: HADAG. Seit 2001 in Hamburg.

HEIDE Cuxhaven. L 58; B 10,0; T 3,1 m. 672 BRZ. 10,5 kn schnell. 1.020 m³ Laderaumkapazität. 1986 gebaut. Eigner: GLÜSING TRANSPORT. Seit 1991 in Hamburg.

HHLA IV Hamburg. L 43; B 22,5 m. 200 to Hebekapazität. 1957 gebaut. Eigner: HHLA. Seit 1957 in Hamburg.

HILLE Hamburg. L 41; B 7,3; T 2,5 m. 211 BRZ. 8,5 kn schnell. 484 m³ Laderaumkapazität. 1961 gebaut. Eigner: STIFTUNG HAMBURG MARITIM/HAFENMUSEUM HAMBURG. Seit 1961 in Hamburg.

HÖEGH AMERICA Nassau, Bahamas. L 200; B 32,3; T 10,0 m. 57.718 BRZ. 20,0 kn schnell. 6.658 Autos. 2003 gebaut. Eigner: RAY CAR CARRIERS. Seit 2004 in Hamburg.

IJSSELDELTA Zwolle, NLD. L 77; B 12,3; T 3,5 m. 1.504 BRZ. 10,0 kn schnell. 1978 gebaut. Eigner: VAN DER KAMP BEHEER. Seit 1989 in Hamburg.

JEANNY Delfzijl, NLD. L 67; B 8,1; T 2,6 m. 605 BRZ. 11,0 kn schnell. 1.500 m³ Laderaumkapazität. 1970 gebaut. Eigner: J. ROLOFF. Seit 1994 in Hamburg.

KAJA JOSEPHINE Brunsbüttel. L 98; B 13,6; T 3,0 m. 2.742 to Tragfähigkeit. 9,7 kn schnell. 2007 gebaut. Eigner: SCHRAMM GROUP. Seit 2007 in Hamburg.

KUGELBAKE Cuxhaven. L 79; B 18,6; T 3,8 m. 1.868 BRZ. 12,0 kn schnell. 2009 gebaut. Eigner: WULF SEETRANSPORTE / FRANK DAHL REEDEREI. Seit 2009 in Hamburg.

LOTSE 3 Hamburg. L 16; B 4,5; T 1,2 m. 22,0 kn schnell. 2008 gebaut. Eigner: HAMBURG PORT AUTHORITY/HAFENLOTSENBRÜDER-SCHAFT. Seit 2008 in Hamburg.

LOUISIANA STAR Hamburg. L 56; B 11,6; T 1,7 m. 11,6 kn schnell. 500 Passagiere. 1999 gebaut. Eigner: ELBREEDEREI RAINER ABICHT. Seit 1999 in Hamburg.

LUDWIG PRANDTL Geesthacht. L 33; B 7,5; T 2,0 m. 109 BRZ. 12,0 kn schnell. 1983 gebaut. Eigner: LINNHOFF SCHIFFAHRT/RF FORSCHUNGSSCHIFFAHRT/HELMHOLTZ-ZENTRUM GEESTHACHT. Seit 1983 in Hamburg.

LV 13 Hamburg. L 42; B 7,6 m. 550 BRZ. 1952 gebaut. Eigner: WULF HOFFMAN. Seit 1991 in Hamburg.

LYSVIK SEAWAYS Oslo, NOR. L 129; B 18,0; T 6,5 m. 7.409 BRZ. 16,0 kn schnell. 7.352 m³ Laderaumkapazität. 1998 gebaut. Eigner: DFDS SEAWAYS. Seit 1998 in Hamburg.

MARE FRISIUM Franeker, NLD. L 50; B 6,6; T 2,2 m. 210 BRZ. 8,0 kn schnell. 634 m² Segelfläche. 1916 gebaut. Eigner: TALLSHIP ARTEMIS. Seit 1997 in Hamburg.

MEIN SCHIFF 4 Nassau, Bahamas. L 295; B 36,0; T 8,0 m. 99.430 BRZ. 21,7 kn schnell. 2.506 Passagiere. 2015 gebaut. Eigner: TUI CRUISES. Seit 2015 in Hamburg.

MERIDIAN Wilhelmshaven, DEU. L 74; B 10,9; T 3,1 m. 1.251 BRZ. 10,0 kn schnell. 2.773 m³ Laderaumkapazität. 1969 gebaut. Eigner: TIMO JANSSEN. Seit 1991 in Hamburg.

MICHEL Hamburg. L 29; B 13,2; T 5,5 m. 431 BRZ. 14,0 kn schnell. 80 to Pfahlzug. 2014 gebaut. Eigner: PETERSEN & ALPERS. Seit 2015 in Hamburg.

MIRA Hamburg. L 80; B 9,0; T 2,4 m. 1.108 to Tragfähigkeit. 1892 gebaut. Eigner: KROLL-SCHIFFAHRT.

MISSISSIPPI QUEEN Hamburg. L 62; B 11,4 m. 250 Passagiere. 1987 gebaut. Eigner: HEINRICH PRÜSSE. Seit 1998 in Hamburg.

MITO STRAIT St. John's, Antigua. L 148; B 23,3; T 8,5 m. 9.910 BRZ. 19,8 kn schnell. 1.118 TEU. 2006 gebaut. Eigner: CARSTEN REHDER SCHIFFSMAKLER. Seit 2009 in Hamburg.

MONTREAL EXPRESS London. L 294; B 32,3; T 10,8 m. 55.994 BRZ. 23,0 kn schnell. 4.402 TEU. 2003 gebaut. Eigner: HAPAG-LLOYD. Seit 2006 in Hamburg.

MOORING TUG II Hamburg. L 11; B 4,0 m. 1986 gebaut. Eigner: LINNHOFF SCHIFFAHRT /MAX MEYN-LÜTGENS & REIMERS. Seit 1986 in Hamburg.

MSC SPLENDIDA Panama. L 335; B 38,0; T 8,7 m. 137.936 BRZ. 22,7 kn schnell. 3.247 Passagiere. 2009 gebaut. Eigner: MSC CROCIERE. Seit 2015 in Hamburg.

NAVION HISPANIA Stavanger, NOR. L 265; B 42,5; T 15,7 m. 72.753 BRZ. 14,5 kn schnell. 136.673 m³ Laderaumkapazität. 1999 gebaut. Eigner: TEEKAY NAVION OFFSHORE LOADING. Seit 2002 in Hamburg.

NO. 5 ELBE Hamburg. L 37; B 6,0; T 3,0 m. 360 m² Segelfläche. 1883 gebaut. Eigner: STIFTUNG HAMBURG MARITIM/FREUNDE DES LOTSENSCHONERS NO. 5 ELBE E.V. Seit 1883 in Hamburg.

NORDIC HAMBURG Limassol, CYP. L 152; B 23,4; T 8,0 m. 10.585 BRZ. 18,5 kn schnell. 1.036 TEU. 2010 gebaut. Eigner: NORDIC HAMBURG SHIPMANAGEMENT. Seit 2010 in Hamburg.

OSTETAL Finkenwerder. L 21; B 6,0 m. 65 BRZ. 1981 gebaut. Eigner: WALTER ZEECK.

PATEA Limassol, CYP. L 144; B 23,2; T 8,9 m. 11.935 BRZ. 14,0 kn schnell. 18.491 m³ Laderaumkapazität. 2008 gebaut. Eigner: HARREN & PARTNER. Seit 2011 in Hamburg.

PATRICIA ESSBERGER Hamburg. L 100; B 15,5; T 6,6 m. 3.557 BRZ. 15,0 kn schnell. 4.988 m³ Laderaumkapazität. 2000 gebaut. Eigner: JOHN T. ESSBERGER. Seit 2000 in Hamburg.

PHOENIX LEADER Panama. L 200; B 32,3; T 10,0 m. 61.804 BRZ. 20,0 kn schnell. 6.501 Autos. 2004 gebaut. Eigner: NYK LINE. Seit 2007 in Hamburg.

PICTOR J. Limassol, CYP. L 140; B 22,8; T 8,7 m. 10.965 BRZ. 19,3 kn schnell. 925 TEU. 2009 gebaut. Eigner: JUNGERHANS MARITIME SERVICES. Seit 2009 in Hamburg.

PRÄSIDENT FREIHERR V. MALTZAHN Finkenwerder. L 31; B 6,8; T 2,6 m. 38 BRZ. 320 m² Segelfläche. 1928 gebaut. Eigner: MUSEUMSHAFEN OEVELGÖNNE. Seit 1928 in Hamburg.

PROMPT Hamburg. L 24; B 10,7; T 5,4 m. 250 BRZ. 13,0 kn schnell. 71 to Pfahlzug. 2013 gebaut. Eigner: LINNHOFF SCHIFFAHRT/LÜTGENS & REIMERS. Seit 2013 in Hamburg.

QUEEN MARY 2 Hamilton, Bermuda. L 345; B 48,7; T 10,3 m. 148.528 BRZ. 29,4 kn schnell. 2.620 Passagiere. 2003 gebaut. Eigner: CUNARD LINE. Seit 2004 in Hamburg.

RAGNA Hamburg. L 102; B 18,2; T 6,6 m. 3.999 BRZ. 15,5 kn schnell. 510 TEU. 1998 gebaut. Eigner: JÜRGEN OHLE REEDEREI. Seit 1998 in Hamburg.

RICKMER RICKMERS Hamburg. L 80; B 12,2; T 6,0 m. 2.007 BRZ. 1896 gebaut. Eigner: VEREIN WINDJAMMER FÜR HAMBURG. Seit 1896 in Hamburg.

RICKMERS DALIAN Majuro, Marshall Islands. L 193; B 27,8; T 11,2 m. 23.119 BRZ. 19,4 kn schnell. 34.600 m³ Laderaumkapazität. 2004 gebaut. Eigner: RICKMERS REEDEREI. Seit 2004 in Hamburg.

RIGMOR Glückstadt. L 21; B 3,9; T 1,5 m. 129 m² Segelfläche.1853 gebaut. Eigner: FÖRDERVEREIN RIGMOR VON GLÜCKSTADT.

SAJIR Majuro, Marshall Islands. L 369; B 51,0; T 15,5 m. 153.148 BRZ. 22,0 kn schnell. 14.993 TEU. 2014 gebaut. Eigner: UNITED ARAB SHIPPING CO. Seit 2015 in Hamburg.

SANTA VITORIA Panama. L 200; B 32,2; T 13,0 m. 34.795 BRZ. 15,1 kn schnell. 77.674 m³ Laderaumkapazität. 2012 gebaut. Eigner: EIKO KISEN/HAMBURG SÜD. Seit 2012 in Hamburg.

SCHAARHÖRN Hamburg. L 42; B 6,8; T 3,1 m. 225 BRZ. 12,5 kn schnell. 1908 gebaut. Eigner: STIFTUNG HAMBURG MARITIM/DAMPFER SCHAARHÖRN E.V. Seit 1908 in Hamburg.

SEA CLOUD II Valletta, MLT. L 117; B 16,0; T 5,3 m. 3.849 BRZ. 14,0 kn schnell. 96 Passagiere. 2000 gebaut. Eigner: HANSA SHIPPING. Seit 2003 in Hamburg.

SEABASS Bremen. L 178; B 28,0; T 11,0 m. 21.353 BRZ. 14,0 kn schnell. 36.690 m³ Laderaumkapazität. 2001 gebaut. Eigner: GERMAN TANKER SHIPPING. Seit 2002 in Hamburg.

SIRIUS Cuxhaven. L 58; B 10,1; T 3,1 m. 676 BRZ. 10,5 kn schnell. 1.020 m³ Laderaumkapazität. 1982 gebaut. Eigner: BOT BROERING OIL TRANS. Seit 1988 in Hamburg.

SOPHIA SORAYA Brunsbüttel. L 98; B 13,6; T 3,0 m. 2.742 to Tragfähigkeit. 9,7 kn schnell. 2007 gebaut. Eigner: SCHRAMM GROUP. Seit 2007 in Hamburg.

ST. GEORG Hamburg. L 21; B 4,4; T 1,2 m. 100 Passagiere. 1876 gebaut. Eigner: VEREIN ALSTERDAMPFSCHIFFAHRT E.V. Seit 1876 in Hamburg.

STAR ARUBA Zaandam, NLD. L 71; B 10,4; T 3,7 m. 1.151 BRZ. 12,3 kn schnell. 1.527 m³ Laderaumkapazität. 1972 gebaut. Eigner: KOOLE TANKTRANSPORT. Seit 1994 in Hamburg.

STELLA VIRGO Dordrecht, NLD. L 105; B 15,2; T 6,3 m. 4.074 BRZ. 13,0 kn schnell. 4.173 m³ Laderaumkapazität. 2003 gebaut. Eigner: TARBIT TANKERS. Seit 2007 in Hamburg.

STEN ARNOLD Gibraltar. L 144; B 23,2; T 8,9 m. 11.935 BRZ. 14,0 kn schnell. 18.491 m³ Laderaumkapazität. 2008 gebaut. Eigner: REDERIET STENERSEN. Seit 2008 in Hamburg.

STETTIN Hamburg. L 52; B 13,4; T 4,2 m. 783 BRZ. 13,0 kn schnell. 1933 gebaut. Eigner: MUSEUMSHAFEN OEVELGÖNNE / DAMPF-EISBRECHER STETTIN E.V. Seit 1982 in Hamburg.

SVENJA St. John's, Antigua. L 167; B 27,5; T 9,0 m. 15.026 BRZ. 20,0 kn schnell. 18.500 m³ Laderaumkapazität. 2010 gebaut. Eigner: SAL HEAVY LIFT. Seit 2010 in Hamburg.

SWISS RUBY Basel, CHE. L 85; B 10,4; T 1,6 m. 7,0 kn schnell. 86 Passagiere. 2002 gebaut. Eigner: SCYLLA TOURS. Seit 2004 in Hamburg.

TANAIS Gdansk, POL. L 45; B 7,5; T 2,8 m. 299 BRZ. 9,5 kn schnell. 649 m³ Laderaumkapazität. 1967 gebaut. Eigner: ISTPOL. Seit 2006 in Hamburg.

TANNENBERG I Hamburg. L 74; B 9,8; T 2,3 m. 1.049 to Tragfähigkeit. 1894 gebaut. Eigner: S. WILLEMEIT.

TOR ELBE Buxtehude. L 90; B 9,5; T 2,7 m. 1.597 to Tragfähigkeit. 1897 gebaut. Eigner: R. SOMMERFELD.

U-434 (BUKI) Hamburg. L 90; B 8,6; T 5,7 m. 2.640 BRZ. 15,5 kn schnell. 1976 gebaut. Eigner: U-BOOTMUSEUM HAMBURG. Seit 2002 in Hamburg.

VIKTORIA Hamburg. L 39; B 6,0 m. 81 BRZ. 230 Passagiere. 1901 gebaut. Eigner: ELBE ERLEBNISTÖRNS. Seit 1901 in Hamburg.

WILSON CADIZ Bridgetown, Barbados. L 100; B 12,8; T 5,7 m. 2.997 BRZ. 13,5 kn schnell. 5.785 m³ Laderaumkapazität. 1998 gebaut. Eigner: WILSON SHIP MANAGEMENT. Seit 2001 in Hamburg.

YEOMAN BANK Monrovia, Liberia. L 205; B 27,3; T 11,8 m. 24.870 BRZ. 15,5 kn schnell. 54.688 m³ Laderaumkapazität. 1982 gebaut. Eigner: AGGREGATE INDUSTRIES. Seit 1991 in Hamburg.

ZAPOLYARNYY Murmansk, RUS. L 169; B 23,1; T 10,0 m. 16.994 BRZ. 12,5 kn schnell. 646 TEU. 2008 gebaut. Eigner: NORILSK NICKEL-MURMANSK. Seit 2009 in Hamburg.

ZP BOXER Valletta, MLT. L 25; B 12,6; T 5,9 m. 299 BRZ. 11,2 kn schnell. 70 to Pfahlzug. 2012 gebaut. Eigner: KOTUG INTERNATIONAL. Seit 2012 in Hamburg.

Die Schiffe in diesem Buch

Index mit Seitenverweis auf Text und Bild

Für mehr Informationen zum Hamburger Hafen und seinen Schiffen empfehlen wir:
www.hafen-hamburg.de

Mehr Bücher vom KJM Buchverlag, auch
weitere Bücher zu Schiffen und der Elbe, finden Sie auf
www.hamburgparadies. de

Jan von der Bank und Lena Winkel
DIE 7 MAGISCHEN KLABAUTERKNOTEN

Helmut Schwalbach WILLLKOMMEN IN HAMBURG
Der Hafen, die Elbe und die Stadt

ALTONA

OEVELGÖNNE

NEUMÜHLEN

Museumshafen
Oevelgönne

Dockland

Kreuzfahrt-
terminal

U-B

Elbe

Neuer
Elbtunnel

Kohlenschiff-
hafen

We
ha

Park-
hafen

Vorhafen

Container-
terminal
Burchardkai

Container-
terminal
Tollerort

Waltershofer Hafen

WALTERS-
HOF

Wasserschutz-
kommissariat 1

Container-
terminal
Eurogate

Rugenberger Hafen

Köhlbrand-
brücke

HPA-
Schuten

Hansa-
port

Soja-
terminal

Ölmühle

Neuhöfer
Hafen

Sandau-
hafen

Süderelbe

Ta
ter

Rethe

Auto-
terminal

ALTEN-
WERDER

Container-
terminal
Altenwerder

Kattwyk-
hafen

B
sa

Tank-
terminals

Legende

Anleger für:

- Containerschiffe
- Massengutfrachter
- Schlepper
- Barkassen
- Hafenfähren
- Kreuzfahrtschiffe
- Binnenschiffe
- Tanker
- Oldtimer
- RoRo-Autofrachter
- Mehrzweckfrachter
- Fähranleger
- Wichtige Orte

0   500   1.000   Meter